Philipp Jacob Spener

Pia Desideria
Umkehr in die Zukunft

Reformprogramm des Pietismus

In neuer Bearbeitung von
Erich Beyreuther

Die THEOLOGISCHE VERLAGSGEMEINSCHAFT (TVG)
ist eine Arbeitsgemeinschaft der Verlage
Brunnen Gießen und R. Brockhaus Wuppertal.
Sie hat das Ziel, schriftgemäße theologische Arbeiten
zu veröffentlichen.

TVG - Orientierung
Herausgegeben von Helmut Burkhardt,
Reinhard Frische und Gerhard Maier.
Begründet 1973 von Klaus Bockmühl (1931-1989)
unter dem Namen „Theologie und Dienst"

Die Deutsche Bibliothek - CIP-Einheitsaufnahme
Spener, Philipp Jacob:
Umkehr in die Zukunft : Pia desideria ;
Reformprogramm des Pietismus / Philipp Jacob Spener.
In neuer Bearb. von Erich Beyreuther. -
5., durchges. und bearb. Aufl. -
Giessen : Brunnen-Verl., 1995
(TVG-Orientierung)
ISBN 3-7655-9065-7
NE: Beyreuther, Erich [Bearb.]

5., durchgesehene und bearbeitete Auflage
© 1975 und 1995 Brunnen Verlag Gießen
Umschlag: Friedhelm Grabowski
Herstellung: St. Johannis-Druckerei, Lahr
ISBN 3-7655-9065-7

INHALT

Vorwort des Herausgebers	IX
Einführung	
Wer ist Philipp Jacob Spener?	XI
Eine kleine Reformschrift und eine große Auswirkung	XII
Die herrliche Zukunft der Gemeinde Jesu	XIV
Ausübung des allgemeinen Priestertums aller Gläubigen in lebendigen Gemeinden	XVI
Wiedergeburt, doch keine Weltflucht	XVII
Speners Vorrede	1
Der äußere Anlaß	2
Die Sorge um die Christenheit	2
Einst Aufgabe der Konzilien	3
Schriftlicher Austausch nötig	3
Ich bin nicht der erste	3
Den Rat der anderen habe ich nicht verachtet	4
Die Vorrede erscheint nun auch gesondert	4
Nur eine Absicht dabei	5
Wir wollen der Christenheit Bestes suchen!	5
Mit Gott kein vergebliches Werk!	7
I. Speners Klage über den Zustand der Kirche	9
Die Zeichen der Zeit	9
Gott bezeugt seinen Zorn	10
Die Bedrohung der evangelischen Christenheit	10
Groß Macht und viel List	10
Die stille Gegenreformation	11
Die Versuchungen in den eigenen Reihen	12

Die christliche *Obrigkeit*	12
Der Stand der *Theologen*	13
Ich klage mich auch an	14
Zur Theologie genügen nicht Fleiß und Klugheit allein	14
Streitgespräche	16
Fremdes ist in die Theologie eingedrungen!	17
Unsere Klage über die Streittheologie ist nicht neu!	18
Wir lernen vieles in der Theologie, von dem wir wünschten, es nicht gelernt zu haben!	20
Der Schaden ist größer als wir denken	21
Beweis des Geistes und der Kraft ist nötig	22
Das allgemeine Leben unter den *Laien*	23
Trunkenheit	23
Rechtsstreitigkeiten und Rechtshändel	25
In allem Gottes Ehre und des Nächsten Bestes suchen	26
Eine andere Verteilung der Güter ist ganz notwendig!	26
Die Reichen und die Armen unter den ersten Christen	27
Im Alten Testament gaben sie den Zehnten	27
Die falschen Vorstellungen von Gottesdienst und Glaube	28
Einzig und allein durch den Glauben werden wir selig	28
Gewißheit ist notwendig, nicht falsche Sicherheit	29
Der Glaube ist nach Luther ein lebendig, geschäftig und tätig Ding, und es ist unmöglich, daß er nicht ohne Unterlaß sollte Gutes wirken	30
Besteht das ganze Christentum darin, getauft zu sein, die Predigt zu hören, Beichte und Abendmahl zu empfangen?	31
Die Beichte und die Absolution wirken nicht automatisch	32
Unsere kirchliche Lehrüberzeugung ist nicht schuldig	32
Das schwerste Hindernis einer Bekehrung der Juden sind die Christen	33
Ist das die Frucht der lutherischen Reformation?	34
Auch an ihrer Kirche irre gewordene Katholiken zweifeln an uns	35
Wir entschuldigen damit nicht die Zögernden	36

Wir danken für die Befreiung aus der babylonischen Gefangenschaft durch die Reformation	36
Es ist mit der evangelischen Kirche wie mit den Juden nach der Rückkehr aus Babylon	37
Wir verharren aber nicht in unnützen Klagen	38
Von der katholischen Kirche haben wir einen großen Teil unserer Fehler geerbt	39

II. Die Verheißung Gottes für die Zukunft der Kirche — 40

Was hat Gott uns für die Zukunft der Kirche verheißen? Einen besseren Zustand - die Heimkehr Israels!	40
Der zu erwartende tiefere Fall des päpstlichen Roms	40
Die einmal aus Juden und Heiden gesammelte Kirche	41
Vieles wird dazu beitragen Das in der Schrift Vorausgesagte wird sich erfüllen	42
Die christliche Vollkommenheit und was darunter zu verstehen ist	44
Das Beispiel der Kirche in den ersten Jahrhunderten	45
Von ihrer sittlichen Größe	46
Von ihrer Kirchenzucht	47
Ihre leuchtende Liebe zu Gott und untereinander	48

III. Die Vorschläge Speners zur Reform der Kirche — 49

Klüger als andere bin ich nicht mit meinen Vorschlägen	49
Uns allen ist die Sorge für unsere Kirche auferlegt	49

1. Das Wort Gottes ist reichlicher unter uns zu bringen — 50

Der Predigtgottesdienst allein genügt nicht, um die Heilige Schrift bekannt zu machen	51
Jeder soll die Schrift selbst in die Hand nehmen	52
Gemeindeveranstaltungen, um die Bibel kennenzulernen	52
Wiedereinführung der alten apostolischen Art der Kirchenversammlungen	52
Die Leitung sollen die Pfarrer haben	53

Nichts ist notweniger, als miteinander Gottes Wort zu
studieren 54
Luthers Wunsch 55

*2. Aufrichtung und fleißige Übung des geistlichen
Priestertums* 56
Das Papsttum hat die »Laien« entmündigt 57
Die »Laien« sind träge geworden 57
Das Predigtamt wird durch das geistliche Priestertum nicht
geschmälert, sondern unterstützt 58
Nach Luthers Tod ist der priesterliche Dienst der »Laien«
und ihr fleißiges Bibelstudium weithin vergessen worden 59

3. Das Christentum besteht nicht im Wissen, sondern in der Tat 59
Keine Gelegenheit versäumen, dem Nächsten Gutes zu tun 60

4. Wie wir uns in Religionsstreitigkeiten zu verhalten haben 61
Das Gebet für die Irrenden 61
Das gute Vorbild 61
Ihre Irrtümer sollen wir ihnen zeigen 62
Vor allem aber herzliche Liebe erweisen 63
Einer der ersten Schritte auf dem Weg zur Wiedervereinigung
der Kirchen 63
Streitgespräche können die Herzen verderben 64
Wir wollen Menschen zurechthelfen auf jede Weise 65
Das Experiment des Glaubens wagen! 66

5. Reform des Theologiestudiums 67
Das Vorbild der Professoren 68
Studieren und Christentum der Tat gehören zusammen 68
Theologie ist ein habitus practicus 69
Der Heilige Geist ist der wahre und einzige Lehrmeister.
Die Theologie ist nicht bloße Wissenschaft 69
Es geht nicht um eine Religionsphilosophie, sondern um
das Theologiestudium 71
Die Professoren sollen die Studenten nicht allein nach
der Begabung fördern 71

Disputationen sollten auch in deutscher Sprache gehalten werden, um zu lernen, wie man zu einer Gemeinde verständlich spricht	72
Der angehende Student braucht einen treuen Mentor	73
Die ganze Theologie wieder zur apostolischen Schlichtheit bringen	74
Luther empfiehlt die Predigten Taulers	74
Die Theologie ist nicht bloße Wissenschaft	76
Es wird die Errichtung von Collegia Pietatis für die Studenten vorgeschlagen	76
Wie könnte man solche Übungen anstellen?	77
Eine brüderliche Verbindung der Studenten könnte dabei wachsen	77
Die Funktion des Professors	78
Praktische Übungen einrichten	78
6. Ausrichtung der Predigt auf die Erbauung anstelle theologisch-gelehrten Prunkes	79
Nicht müde werden, den Katechismus zu lehren	79
Die Predigten sollen den inneren Menschen stärken	80
Johann Arnds »Postille«	81

Speners Bemerkungen zu der neuen Ausgabe der Postille von J. Arnd, als deren Vorrede er die Pia Desideria veröffentlicht hat   83

Speners ursprüngliches Inhaltsverzeichnis   86

Anhang   89

Themen, die in Bibelstudienkreisen, Mitarbeiterkonferenzen, Seminaren u.ä. anhand der Thesen Speners besprochen werden können   93

Personenregister   93

Vorwort des Herausgebers

Als Philipp Jacob Spener (1635-1705) vor über dreihundert Jahren (1675) sein berühmtes Reformprogramm »PIA DESIDERIA oder Herzliches Verlangen nach gottgefälliger Besserung der wahren Evangelischen Kirche« herausbrachte, war es um die Christenheit Europas schlimm bestellt. Die altprotestantische Orthodoxie erschöpfte sich in Flügelkämpfen, die Gegenreformation hatte viele Länder erobert.

Spener sah deutlich, daß die »rechte Lehre« nicht zwangsläufig auch zu einem »rechten Leben« aus dem Evangelium führt. Der Rechtfertigung aus dem Glauben mußte die Heiligung aus dem Geist des Evangeliums folgen, sonst war alles nur ein »toter Kopfglaube«.

Spener wurde mit seinem Reformprogramm zu einem Reformator nach der Reformation. Die PIA DESIDERIA haben für die evangelische Kirche eine ähnliche Bedeutung erlangt wie die Reformschriften Martin Luthers: Sie wirken bis heute fort und haben nichts an prophetischem Weitblick und geistlicher Tiefe eingebüßt.

Der vorliegenden Ausgabe liegt der Text eines Druckes mit dem Erscheinungsdatum 1676 zu Grunde. Es wurde ein Exemplar der Universität Erlangen verwendet. Die kleinen Varianten der früheren und späteren Ausgaben aus Speners Hand wurden nicht berücksichtigt. Die *Bearbeitung* hat sich um eine leichte Lesbarkeit des Textes bemüht, so weit wie möglich jedoch Speners Spracheigentümlichkeiten nicht durch Glättung verschwinden lassen, damit er in seiner Sprache gehört wird.

An einigen Stellen wurde gekürzt. Die *Kürzungen* betreffen lateinische Zitate, Wiederholungen oder Belege, die nur für wissenschaftlich interessierte Leser von Bedeutung sind. Die Auslassungen werden jeweils durch eckige Klammern [...] markiert.

In den Text wurden *Zwischenüberschriften* eingefügt, die nicht von Philipp Jacob Spener stammen. Sie wollen der Übersicht und der leichteren Orientierung dienen.

Für die 5.Auflage 1995 hat Albrecht Haizmann den Text und die Zwischenüberschriften der vorliegenden Ausgabe neu *durchgesehen* und *überarbeitet*.

Außerdem werden erstmals auf jeder Seite unten die entsprechenden *Seitenzahlen der kritischen Textausgabe* von Kurt Aland (Berlin ³1990) in eckigen Klammern angegeben. Der Seitenübergang ist jeweils durch einen doppelten senkrechten Strich im Text gekennzeichnet. Dadurch wird ein Vergleich mit dem ursprünglichen Wortlaut erheblich erleichtert.

Einführung

Wer ist Philipp Jacob Spener?

Er wird mit Recht der Vater des Pietismus genannt. Denn er hat dieser spontan aufbrechenden Bewegung, ehe sie sich zersplittern konnte, die klaren Richtsätze gegeben. Nach ihnen richtete sich dieser junge und stürmische Aufbruch aus und konnte für die ganze evangelische Christenheit eine bis heute noch nicht aufgebrauchte Bedeutung erlangen.

Philipp Jacob Spener entstammte einer frommen Juristenfamilie. Er wurde am 13. Januar 1635 in Rappoltsweiler im Elsaß geboren. Gestorben ist er am 5. Februar 1705 in Berlin.

Die wichtigsten Stationen seines Lebens sind schnell aufgezählt. Drei Jahre war er als Freiprediger am Straßburger Münster tätig; zwanzig Jahre Pfarrer an der Barfüßerkirche zu Frankfurt am Main und zugleich Senior; fünf Jahre lang Oberhofprediger an der Schloßkapelle in Dresden und zuletzt vierzehn Jahre Pfarrer und Probst zu St. Nicolai in Berlin. Zweiundvierzig Jahre lang hat er ununterbrochen auf der Kanzel gestanden und leitende Funktionen ausgeübt.

Von Haus aus hatte er wohl mehr Neigung zum stillen Gelehrtentum. Bereits mit sechzehn Jahren begann er sein Studium an der Heimatuniversität zu Straßburg. Den Hochbegabten begeisterte vor allem die Geschichtswissenschaft, und es stand nichts Ernstliches im Wege für eine glänzende wissenschaftliche Laufbahn.

In der Wappenkunde (Heraldik) galt er früh als eine anerkannte internationale Autorität. Dieser Wissenschaft verdankt er zugleich seine weitreichenden Beziehungen zu der in Alteuropa noch tonangebenden Adelswelt.

Doch der Zug zur Theologie wurde bei ihm immer stärker. In seiner Kindheit und Jugend ist er mit den Erbauungsbüchern, die damals in ganz Deutschland eine aufmerksame und dankbare Lesergemeinde in Stadt und Land fanden, aufgewachsen. Vor allem Johann Arnds »Wahres Christentum« und die in deutschen Übersetzungen zugäng-

lichen englischen Erbauungsschriftsteller lernte er neben Bibel und Katechismus früh kennen und lieben. Zur »Gottesgelehrsamkeit« trieb ihn sein Herz.
In Straßburg begegnete er, und das war wohl mit entscheidend, Professoren der Theologie, die nicht nur Leuchten ihrer Wissenschaft darstellten. Sie strahlten durch ihre tiefe Frömmigkeit und ihren großen Gewissensernst einen starken Einfluß weit über ihre Universität auf alle evangelischen Kreise aus. Es waren Männer, die sich für die ganze evangelische Christenheit verantwortlich wußten und angesichts vieler betrüblicher Zeitumstände nach dem Dreißigjährigen Krieg ihre warnenden, ja prophetischen Stimmen erhoben.
Der Kundige stößt in den Schriften Speners auf diese Einflüsse. Und doch ist Philipp Jacob Spener, diese stille, milde und zarte Gestalt, über seine bedeutenden und geliebten Lehrer durch eine ganz besondere Tat hinausgewachsen, die ihn auf einmal in die Mitte einer neuen gesegneten Bewegung stellte.

Eine kleine Reformschrift und eine große Auswirkung

Ob Spener wirklich gewußt hat, was seine Schrift »PIA DESIDERIA« für eine Sturm in Deutschland erregen wird, als er sie auf der Höhe seines Schaffens, mit vierzig Jahren, 1675 in Frankfurt am Main schrieb?
Wohl konnte er auf eine fast zehnjährige weitgespannte pfarramtliche Tätigkeit und kirchenleitende Position in dieser stolzen und unabhängigen Reichsstadt zurückblicken. Er war kein Neuling in diesem Dienst. Daß er diese Schrift mit einem zagenden Herzen schrieb, lag mit an seiner zurückhaltenden, fast ängstlichen Natur. Damit verband sich eine echte Bescheidenheit, wie sie reifen und hochbegabten Persönlichkeiten wohl zu eigen ist, die sich mit jedem Satz und Wort vor ihrem Gott verantwortlich wissen.
Diese Schrift wäre wohl kaum ans Licht der Öffentlichkeit getreten, wenn sie nicht ein Frankfurter Verleger als Vorwort zu einer Neuausgabe der »Postille« (Predigtsammlung) Johann Arnds von ihm erbeten hätte.

Es war ein Glück, daß Spener keine lange Zeit für die Abfassung zur Verfügung stand. Er mußte die Schrift in einem Zug niederschreiben. Sie konnte gar nicht langatmig werden und erscheint so wie aus einem Guß.

Dabei hat es Spener nicht unterlassen, seinen Amtskollegen diesen Entwurf Wort für Wort vorzulesen. Und er hat auf ihre Gedanken und Wünsche ernsthaft gehört und ist auch auf sie eingegangen. So wurde diese Schrift praktisch zu einem Votum der lutherischen Kirche in einer der bedeutendsten Städte Deutschlands.

Und doch blieb der Stoff sein eigenes Werk. Er wußte schon, was er wollte, so bescheiden er alles vortrug. Ihn trieb eine tiefe Sorge um die ganze Christenheit. Sein überaus zartes Gewissen erkannte, in welche gefahrdrohende Glaubenskrise Europa damals hineintrieb. Unzählige fanden sich nicht mehr in ihrem christlichen Glauben zurecht. Spener war hellwach, weil der persönliche, in den Tiefen seines Herzens verankerte Glaube bei ihm die »Direktion des ganzen Menschen« besaß. »Untrügliche innere Maßstäbe für das Echte und Unechte, das Lebendige und das Leere, das Wichtige und Unwichtige« wuchsen ihm zu, um »die kranken Züge an Theologie und Kirche des Luthertums zu erkennen«, und sein Gewissen drängte ihn, in die Bresche zu springen. Ihm standen immer die Menschen vor Augen, die eine neue Gewißheit ihres christlichen Glaubens suchten, wie sie die herkömmliche Theologie und das kirchliche Leben in teils abgestandenen alten Formen nicht liefern konnte.

In einer Zeit, in der man auf Erfahrung und auf die Vergewisserung durch das Experiment drängte und alle tradierten Wahrheiten zu hinterfragen suchte, wies Spener unermüdlich auf Johannes 7,17 hin: »Wer da will des Willen tun, der mich gesandt hat, der wird innewerden, ob meine Lehre von Gott sei oder ob ich von mir selbst rede.«

Dieses Herrenwort, das Mut macht, experimentell den Glauben und die Verheißung Jesu auszuprobieren, ob sie tragfähig sind, hat Spener und nach ihm der Pietismus unaufhörlich variiert. Realist ist, wer mit Gott rechnet! Nicht von ungefähr ist Spener zum großen Seelsorger Ungezählter in ganz Deutschland geworden. Der Glaube lebt nicht von Erfahrungen, aber er macht Erfahrungen!

Den unmittelbaren Bezug auf das Wort aus Johannes 7,17 finden wir wortwörtlich in dieser Reformschrift (S.66). Das ist die Bedeutung der

PIA DESIDERIA. Sie zeigt dem Menschen von damals in einer neuen Bewußtseinslage, bedrängt von der anhebenden Naturwissenschaft und ihren Fragen, wie man Gewißheit erlangen kann. Zugleich wird Spener, der das Ohr modern fühlender Menschen erreicht, zur prägenden und zügelnden Gestalt der neuen, noch revolutionär erregten Bewegung des Pietismus, der stärksten religiösen Reformbewegung des Protestantismus nach der Reformation.
Ihr lieferte er die entscheidenden Grundsätze, bestimmte ihren Einsatz. Dabei blieb er aber ein im Glauben der Väter tief verwurzelter und mit Luthers Schriften eng verbundener Theologe. Das sei an dieser Stelle noch einmal gesagt, weil die Forschung bisher nie die rechte Sicht dafür hatte. Einer angefochtenen Generation, aus der sich weithin auch der Pietismus rekrutierte, zeigte Spener, wie man den »alten« Glauben in »neuer« Weise echt ergreifen und praktizieren kann.
Spener hoffte auf ein bescheidenes Echo und erntete einen ungeheuren Widerhall aus allen Kirchen, aber später auch erbitterten Widerstand. Doch fest steht, daß mit dieser Reformschrift ein neues Blatt in der Geschichte der Christenheit aufgeschlagen und beschrieben worden ist.

Die herrliche Zukunft der Gemeinde Jesu

Das ist ein entscheidender Grundton dieser Reformschrift. Spener hat der bangen Frage einer damals verunsicherten Theologie und Kirche: »Ob Christus, wenn er auf Erden wiederkommen wird, noch Glauben finden werde«, die herausfordernde Antwort von der »Hoffnung zukünftiger besserer Zeiten« entgegengestellt. Zu klar sah er, daß man damals diesen Pessimismus einfach nicht mehr ertragen konnte. Er hat den Enttäuschten, Entmutigten, Verstimmten, von der Kirche Gekränkten zugerufen, daß es sich lohnt, für die Christenheit einzutreten und in ihrem Dienst zu bleiben. Sie hat die Zukunft.
Ungezählte brachte er zum Aufhorchen, als er aus dem Neuen Testament der Kirche eine herrliche Zukunft voraussagte. Sie wird nicht zerfallen, und die Pforten der Hölle werden sie nicht überwinden. Im Gegenteil, die großen und herrlichen Verheißungen stehen noch aus. Nach Römer 9-11 wird das jüdische Volk, wenigstens ein sehr großer

Teil, sich zur Kirche Jesu Christi wenden. Die katholische Kirche wird sich entscheidend wandeln. Die Christenheit wird zusammenwachsen. Der christliche Glaube wird sich auf der ganzen Erde ausbreiten. Das alles wird in der Kraft des Herrn geschehen. Damit wird sich das innere Antlitz der jetzt so armseligen und hilflosen Kirche umgestalten und sich vieles erfüllen, was die ernsten und aufrichtigen Gläubigen immer ersehnt und erbeten haben.
Gewiß wird die Kirche auf der Erde nicht die Kreuzgestalt verlieren, doch wandert sie mit Freuden der Wiederkunft Jesu Christi entgegen. Und auf diesem Weg wird sie keinen Mangel an Mut und Gewißheit haben. Es lohnt sich! Die Zukunft ist nahe! Man begann mit ganz anderen Augen die Offenbarung zu lesen, von der man bisher fast nur mit Scheu gesprochen hatte.
Tatsächlich, auf weite Kreise in der Kirche haben sich damals Speners begeisternde Perspektiven übertragen. Es sammelten sich hin und her in allen evangelischen Kirchen Männer und Frauen, die nun wirklich das allgemeine Priestertum aller Gläubigen zu praktizieren suchten. Die Werke der Äußeren Mission, der Judenmission, der ersten freien Liebesarbeit, die nun im Pietismus aufblühten, konnten sich auf die opferbereite Hingabe von Laien - selbst der Adel blieb davon nicht unberührt - stützen, die durch Speners Weckruf lebendig geworden waren.
So wurde durch Speners Reformschrift auch die radikale Kirchenkritik der Separatisten und Spiritualisten in Deutschland aufgefangen. In diesen Kreisen, die viel Zulauf von Enttäuschten und Verstimmten zu verzeichnen hatten, sprach man von der evangelischen Kirche nur noch als einem hoffnungslosen Fall. Doch das Bild der zukünftigen Kirche, wie es Spener bereits in seiner Reformschrift zeichnete, entwaffnete diese im verborgenen sehr einflußreichen kritischen Geister, die bereits in ihren versteckten Zirkeln begonnen hatten, eine separatistische Geheimkirche aufzubauen.

Ausübung des allgemeinen Priestertums aller Gläubigen in lebendigen Gemeinden

Das eine bedingt das andere. Das heutige Gemeindebild der protestantischen, aber auch zunehmend der katholischen Kirche, ist tiefgehend von Spener bestimmt. Es wirkt sich jetzt auch, wenn wir es richtig sehen, in den Ostkirchen aus.

In seiner Reformschrift erneuert Spener die Forderung einer lebendigen Gemeinde, die das Bild der neutestamentlichen Gemeinde nicht mehr aus den Augen verliert. Was der volkskirchlichen Gemeinde seinerzeit fehlte, die bruderschaftliche Verbundenheit ihrer Glieder, ließ ihn nicht mehr ruhig bleiben. Spener forderte die Umgestaltung unserer Gemeinden zu einer »familia Dei«, deren Kern aus Kreisen bestehen sollte, die sich um die Heilige Schrift versammeln, sich innerlich weiterhelfen und zum Dienst am Nächsten rüsten lassen. Dabei wollte Spener keineswegs die törichte Selbstisolierung frommer und selbstgenügsamer Zirkel. Die Auferbauung sollte nicht einem Selbstgenuß, auch keinem frommen, frönen. Für die große und weite Kirche, die Spener liebte und der er seine Lebensarbeit zur Verfügung gestellt hatte, sollte dieser bruderschaftliche Aufbruch zum Segen werden.

In einer neuen Arbeitsgemeinschaft zwischen Theologen und Laien sollten die Amtsträger aus ihrer Isolation befreit werden und die Laien die Wegweisung für ihren Einsatz »im Reich Gottes« empfangen. Aufeinander angewiesen in gegenseitiger Handreichung sollte etwas Neues in der Kirche wachsen. Es ist die Kirche des dritten Glaubensartikels, die Kirche als Leib Christi mit ihren vielen Gliedern, die hier erfahren wurde.

Unbestreitbar liegt die Gefahr nahe, daß bei dem Bild vom Leib Jesu Christi die Betonung nicht so sehr auf dem Haupt, sondern auf den Gliedern liegt. Man meint dann, die Lebendigkeit der Kirche hänge im wesentlichen von der Lebendigkeit ihrer Glieder ab und nicht so sehr von ihrem lebendigen Herrn und Haupt. Doch wer will die Lebendigkeit des Hauptes und die Lebendigkeit der Glieder gegeneinander ausspielen? Geraten wir dann nicht in einen Zirkelschluß? Glaube entsteht nicht aus eigener Kraft und Vernunft. Er ist und bleibt ein Geschenk, das nur der Glaubende empfängt!

Wiedergeburt, doch keine Weltflucht

Man hat Spener in seiner Reformschrift »Weltflucht« angekreidet. Im Pietismus hat sie sich manchmal, nicht bei Spener selbst, finster und sehr gesetzlich geäußert. Bei Spener stand jene biblische Illusionslosigkeit über das Wesen der vergehenden Welt dahinter, an die sich Christen nicht naiv verlieren können, ohne innerlich Schaden zu nehmen. Gott fordert die ganze und ungeteilte Hingabe seiner Nachfolger. Wo sie eine geschenkte Wirklichkeit wird, fehlt die dankbare Freude an all den guten Schöpfungsgaben nicht. Doch sie vermögen nicht mehr die Sinne zu verzaubern und die richtigen Maßstäbe zu verwirren.

Ferner hat man Spener vorgeworfen, er spreche zu viel vom neuen Leben, von der »Wiedergeburt«, von dem, was in einem Christenleben neu werden soll und darf, und er überschätze das alles.

Spener wußte, daß die Vergebung ohne Bedingung geschenkt wird, aber er wußte auch andererseits, wie bruchstückhaft alles neue Leben ist, das aus dem Glauben hervorbricht. Er wollte nicht verdunkelt wissen, was Paulus sagt: »Nicht, daß ich's schon ergriffen habe oder schon vollkommen sei. Ich jage ihm aber nach, ob ich's auch ergreifen möchte, nachdem ich von Christo Jesu ergriffen bin.« Billiger geht es nicht.

Weil das dem Christenstand nach den Neuen Testament entspricht, daß der Glaube in der Liebe tätig ist, richtete Spener in seiner Reformschrift den Blick auf die Alte Kirche. Hier fand er, ohne ihr Bild kritiklos zu verherrlichen und die Schatten zu leugnen, jene Liebesglut, die das ganze Leben für Christus einsetzte und ihm auslieferte. Hier geschahen zeichenhaft die Taten, die der Christenheit für alle Zeiten geboten sind. Sie leuchten noch heute als hellodernde Flamme. Als großes Beispiel, nicht als geschichtliche Wiederholung in der Zukunft, wollte er die alte Christenheit ansehen.

Darüber hinaus hat man Spener vorgeworfen, er spreche zuviel von der »christlichen Vollkommenheit«, von dem neuen Menschen nach dem Bilde Christi. Doch hier steht er Martin Luther nicht fern. Denn der Reformator forderte unermüdlich den täglichen harten Kampf gegen den alten Adam. Wenn er sich auch heftig sträubt, die alte Haut muß ihm immer wieder abgezogen werden, damit der neue Mensch sichtbar werden kann. Bei aller bleibenden Verhaftung, auch des neuen Menschen, des Gläubigen, an die Erbsünde, an ganz konkrete Gebundenheiten in Trotz und Ungehorsam, werden herrliche Siege geschenkt, Fesseln gelöst und Ströme lebendigen Wassers erschlossen. Gewiß werden der Christenheit immer neue Erfahrungen und Einsichten geschenkt. Wer aber zu hören versteht, empfindet die Eindringlichkeit der Spenerschen Bußpredigt. Sicherlich ist Zeitbedingtes bei Spener zu finden. Wichtiger jedoch ist, daß wir seinen berechtigten Fragen standhalten, mit denen er uns in unserem Gewissen und in unserer ganzen christlichen Existenz trifft. Sie sind von letzter Unerbittlichkeit, auch dort, wo unser Blick auf den heutigen Zustand der ganzen Christenheit fällt. Es sind Wegweisungen und Hilfen, die uns froh und frei und unverzagt im Dienst und in unserem eigenen Leben machen können.

Erich Beyreuther

SPENERS VORREDE

PIA DESIDERIA

oder herzliches Verlangen
nach gottgefälliger Besserung
der wahren Evangelischen Kirche
samt einigen dahin einfältig abzweckenden
christlichen Vorschlägen
PHILIPP JACOB SPENERS D.
Predigers und Seniors zu Frankfurt am Main [...]

Frankfurt am Main
In Verlegung
Johann David Zunners
Gedruckt bei Johann Diederich Fritgen
M DC LXXVI ‖

Der gesamten Christ-Evangelischen Kirche
treuen Vorstehern und Hirten,
meinen in Christo Jesu, unserem Erzhirten
treugeliebten und hochgeehrten Vätern und Brüdern
wünsche von dem Vater des Lichts und Geber alles Guten
erleuchtete Augen des Verstandes zu erkennen, welches da sei die Hoffnung unseres Berufs und welcher sei der Reichtum seines herrlichen Erbes an seinen Heiligen und welches da sei die überschwengliche Größe seiner Kraft in uns, die wir glauben nach der Wirkung seiner mächtigen Stärke,
Fleiß und Eifer, wacker zu sein und zu stärken, das andere, das sterben will;
Kraft und Mut, durch die Waffen unserer Ritterschaft, die nicht fleischlich sind, sondern mächtig für Gott, zu zerstören die Befestigungen, zu zerstören die Anschläge und alle Höhe, die sich erhebt wider die Erkenntnis Gottes und gefangennehmen alle Vernunft unter

den || Gehorsam Christi, auch bereit zu sein, zu rächen allen Ungehorsam, wenn der Gläubigen Gehorsam erfüllt ist:
Segen und Fortgang, mit Freuden wahrzunehmen, wie das Wort, das aus dem Munde Gottes geht als der Regen und Schnee, der vom Himmel fällt, nicht wieder zu ihm leer komme, sondern tue, was ihm gefällt und ihm gelinge, wozu es gesendet wird und zu sehen, wie die durch ihren Dienst gebaute Erde zum ersten das Gras, nachher die Ähren, danach den vollen Weizen in den Ähren;
Völlige Vergnügung in Erkenntnis, wie göttlicher Name durch ihren Dienst geheiligt, sein Reich erweitert und sein Wille vollbracht werde, zu seinen heiligsten Ehren, vieler Seelen Heil, ihres eigenen Gewissens Beruhigung und dermaleinst ewiger Herrlichkeit. In dem geliebtesten [Herrn] geliebte Väter und Brüder!

Der äußere Anlaß

Vor einem halben Jahr wurde von dem Verleger der neuaufgelegten »Postille« [Predigtsammlung] Johann Arnds an mich das Ansinnen gestellt, diesem lieben Werk eine Vorrede voranzusetzen. In der Enge der dazu vergönnten Zeit habe ich es gewagt, in diese Vorrede das meiste einzutragen, was mich - seit der Zeit, da ich durch Gottes Willen und Gnade in seinem Weinberg arbeite - öfters herzlich betrübt, das Gewissen beschwert und viele Sorgen gemacht hat. Ich weiß, daß noch unzählig viele vorhanden sind, die mit mir das Gleiche bejammern und oft einer dem anderen diese wehmütigen Klagen ausschüttet.

Die Sorge um die Christenheit

Das Elend, das wir beklagen, liegt vor Augen. Niemand ist verwehrt, seine Tränen darüber nicht nur im geheimen zu vergießen, sondern sie auch an den Orten zu zeigen, wo sie andere sehen und so zum Mitleiden und zum Mitraten bewogen werden. Wo man Not und Krankheit sieht, ist es natürlich, daß man sich um Heilmittel umtut. Daher liegt allen ob, in der Not und Krankheit des so edlen Leibes Christi [seiner Christenheit auf Erden] dafür zu sorgen, wie tüchtige Arznei zu seiner Heilung möge gefunden und angewendet werden. Denn er ist unserer

Sorge, in gewissen Stücken jedem einzelnen, aber auch allen samt und sonders insgemein anvertraut. Ja, an ihm müssen wir alle Glieder sein und haben deshalb sein Gebrechen keineswegs als fremd zu achten. ‖

Einst Aufgabe der Konzilien

Vorzeiten war das kräftigste Mittel, daß die vornehmsten Vorsteher der Kirchen und Abgeordnete aller namhaften Particular-Kirchen [= Einzel- bzw. Landeskirchen] in Konzilien zusammenkamen und über den gemeinsamen Schaden ratschlagten. Wollte Gott, wir wären imstande, daß wir solches jetzt hoffen könnten, daß es auf fruchtbare Weise geschehe. [...] Wollten wir aber darauf warten, so werden wir über unseren Wünschen sterben und die Besserung immer aufs Ungewisse verschieben, was nicht zu verantworten ist.

Schriftlicher Austausch nötig

Es ist also zu überlegen, ob es nicht ein in dieser Zeit zulängliches Mittel sei, daß in Ermangelung jener Zusammenkünfte christliche Prediger untereinander ihre Gedanken in der Furcht des Herrn kundwerden lassen. Das kann geschehen durch Schreiben unter sich. Damit könnte man auch denen, die sich das Werk des Herrn angelegen sein lassen, dies zur Unterrichtung und zum eigenen Nachdenken im öffentlichen Druck zugänglich machen, damit diese wichtigen Sachen miteinander überlegt und reiflich erwogen werden könnte, was der Gemeinde Gottes dienlich sei.

Ich bin nicht der erste

Andere christeifrige Theologen haben hin und wieder in ihren öffentlichen Schriften längst hiervon den Anfang gemacht. Ich bin also nicht der erste, welcher solches Verlangen öffentlich bezeugt oder dazu Vorschläge getan hat. Ich hätte zwar eigentlich Bedenken tragen sollen, mit meinen einfältigen Gedanken auszubrechen, wenn es im Reich des Herrn so ginge wie in der Welt, wo die Voten etwa nach Rangordnung und Würde der Persönlichkeiten gegeben werden müßten.

Denn in dieser Hinsicht erkenne ich mich billig, unter den letzten zu sein. In christlichen Kirchen ist auf solches eben nicht zu achten. Andererseits ist sogar in der Welt in einigen Versammlungen aus wichtigen Ursachen eingeführt worden, daß die Ordnung der Stimmabgabe von unten anfange. Ohne Beeinflussung können sie mit Freiheit ihre Herzensmeinung aussprechen. Dabei bleibt den Oberen ihre Würde, reiflich nachzusinnen, was nach jenen Vorschlägen zu verbessern sei. Also habe ich dafür gehalten, es werde auch mir zu keiner Vermessenheit ausgedeutet werden, was ich (wie der Herzenskündiger dessen Zeuge ist) aus inniglicher Liebe zur Gemeinde Gottes und aus dem Verlangen, nichts auszulassen, was zur göttlichen Ehre dienen möchte, in dieser Vorrede ausgeschüttet habe.

Den Rat der anderen habe ich nicht verachtet

Damit aber auch ich mir selbst nicht allein traute und etwa ‖ Dinge ans Tageslicht gebe, von denen die Kirche mehr Schaden als Nutzen hätte, so habe ich meinen vielgeliebten Kollegen und Amtsbrüdern hier (weil andere Kommunikation bei bevorstehender Messe nicht möglich war) meinen Aufsatz vorgelegt. Und da die Geister der Propheten den Propheten untertan sind, habe ich ihnen diesen nicht nur Wort für Wort vorgelesen, sondern habe ihnen völlige Freiheit, die ihnen ohnehin gehört, gegeben, mich brüderlich zu erinnern, worinnen sie es nötig befinden. Während sie nun das eine und das andere noch mit beigetragen haben, das zur Auferbauung dienlich ist, was ich auch willig eingefügt habe, so haben sie mich in dem übrigen stattlich bekräftigt. Sie haben alles, was darin enthalten war, genehmigt und herzlich gewünscht, daß Gott das Werk nicht ungesegnet lassen wolle. Daraufhin habe ich im Namen des Herrn diese Vorrede zum Druck gegeben.

Die Vorrede erscheint nun auch gesondert

Viele gute Gemüter haben sehr bald das Verlangen gehabt, daß diese Vorrede auch gesondert zu haben sei und also gedruckt werde. Es ist einigen wegen des Preises zu schwer gefallen, die »Postille« Johann Arnds zu kaufen, andere besaßen schon eine frühere Ausgabe. Auch sind dem Verleger von anderen Orten Schreiben zugegangen, daß etliche gute Leute mit dem Gedanken umgehen, sie selbst auflegen zu lassen, weil sie sie nicht von ihm haben konnten. Als der Verleger darüber mit mir sprach, habe ich es für nicht undienlich gehalten, die Auflage alsbald zu beschleunigen. Denn anderwärtige Nachdrucke sind nie ohne Gefahr vieler einschleichender Druckfehler [...]. ‖ ‖

Nur eine Absicht dabei

So gehen also hiermit diese Blätter das zweite Mal aus der Druckpresse ans Licht, in keiner anderen Absicht, als daß nur jemand - und wo nicht viele, so doch etwa wenige - dadurch erbaut, ja wo nichts anderes ausgerichtet, doch damit etwa andere erleuchtete und von Gott mehr begabte Männer wenigstens aufgemuntert werden möchten, diese wichtige Arbeit, wie die wahre Gottseligkeit zu befördern, mit Ernst vorzunehmen und eine Zeitlang dieses ihre wichtigste Arbeit sein zu lassen. Sie mögen die heilsamen Mittel nach der Regel des göttlichen Wortes selbst ersinnen, untersuchen und über ihre Verwirklichung reiflich nachdenken.

Es hat vorweilen der selige D. Johann Dorsche als einen heilsamen Rat, die Orthodoxie [Rechtgläubigkeit] zu erhalten, vorgeschlagen, daß unter den Hochschulprofessoren eine vertrauliche brüderliche Korrespondenz eingeführt und unterhalten würde, woraus nicht weniges zu erhoffen wäre. Dieser Vorschlag ist nützlich und gut und zur Erhaltung der reinen Lehre ersprießlich. Es wird dann nicht weniger nützlich sein, wenn auch, was die Praxis und das Regiment der Kirche betrifft, eine eben solche Korrespondenz unter den akademischen wie auch unter den in Kirchenämtern tätigen Lehrern gepflogen wird. Die Sache sollte dann teils mit privaten, teils mit öffentlichen Schriften weiterzubringen versucht werden.

Wir wollen der Christenheit Bestes suchen!

Nun lasset uns alle insgesamt dasjenige eifrig tun, wozu wir gesetzt sind, zu weiden die Gemeinde, die Gott durch sein eigen Blut und also aufs teuerste erworben hat!

Lasset uns gedenken, *geliebte Väter und Brüder*, was wir unserem Gott, als wir unseren Diensten gewidmet worden, versprochen haben und was darum unsere eigne Sorge sein müsse!

Lasset uns gedenken an die schwere Rechenschaft, die uns vor dem bevorsteht, der die in verschiedener Weise verwahrlosten Seelen von unseren Händen fordern wird.

Lasset uns gedenken, daß dermaleinst nicht gefragt werde, wie gelehrt wir gewesen und solches der Welt vorgelegt haben, in welcher Gunst wir bei den ‖ Menschen gestanden und wie wir sie zu erhalten gewußt haben, in welchen Ehren wir geschwebt und großen Namen in der Welt hinterlassen, wie viel wir den Unsrigen Schätze von irdischen Gütern gesammelt und damit den Fluch auf uns gezogen haben, sondern wie getreu und mit einfältigem Herzen wir das Reich Gottes zu befördern trachteten. Laßt uns gedenken, ob wir mit reiner und gottseliger Lehre, als würdiges Beispiel in Verschmähung der Welt, in Verleugnung unserer selbst, in Aufnehmung des Kreuzes und Nachfolge unseres Heilandes die Erbauung unserer Zuhörer gesucht, mit welchem Eifer wir uns nicht nur den Irrtümern, sondern auch gottlosem Leben widersetzt, mit welcher Beständigkeit und Freudigkeit wir die deshalb von der offenbar gottlosen Welt oder von falschen Brüdern zugestoßene Verfolgung oder Ungemach getragen und unseren Gott in solchen Leiden gepriesen haben!

Lasset uns demnach darauf bedacht sein, daß wir unsere Mängel und die unserer übrigen Kirche immer weiter untersuchen und die Krankheiten kennenlernen, aber auch die Mittel unter eifriger Anrufung Gottes und seines Geistes Licht erforschen und überlegen.

Aber lasset uns auch dabei nicht stehenbleiben, sondern was wir für nötig und nützlich befunden haben, nun auch danach trachten, wie jeglicher bei seiner Gemeinde es vermag ins Werk zu setzen. Denn wozu dient sonst alle Beratschlagung anders als zum Zeugnis über uns, wenn wir nicht begehren, dem Guten nachzuleben?

Müssen wir darüber von Widriggesinnten etwas leiden, so lasset es uns ein so viel gewisseres Merkzeichen sein, daß unser Werk dem Herrn gefalle, weil er es auch zu solcher Probe kommen läßt und deswegen nicht müde werden oder von unserem Eifer nachlassen.

Lasset uns zunächst diejenigen am meisten befohlen sein, welche noch selbst willig sind, gern anzunehmen, was man zu ihrer Auferbauung tut. Jeglicher möge in seiner Gemeinde diese vor allem versorgen, daß sie mehr und mehr wachsen mögen zu dem Maß der Gottseligkeit, damit nachher ihr Beispiel auch anderen vorleuchte, bis wir danach auch diejenigen, bei denen es noch zur Zeit verloren scheint, durch göttliche Gnade allgemach näher herbeibringen, ob auch noch die endlich möchten gewonnen werden. Wie denn alle meine Vorschläge fast einzig und allein dahin gehen, wie zunächst jenen Folgsamen möge geholfen und alles an ihnen getan werde, was zu ihrer Auferbauung nötig ist. Ist dieses geschehen und der Grund gelegt, so mag nachher der Ernst bei den Ungehorsamen mehr fruchten.

Mit Gott kein vergebliches Werk!

Lasset uns auch nicht gleich alle Hoffnung, Stecken und Stab fallen lassen, ehe wir das Werk angreifen oder wenn es nicht gleich anfangs den erwünschten ‖ Erfolg hat! Was bei Menschen unmöglich ist, bleibt bei Gott möglich! Gottes Stunde muß endlich kommen, wo wir ihrer nur warten! Müssen andere Frucht bringen *in Geduld*, so müssen wir auch unsere Früchte bringen und bei anderen sie mit Geduld fördern.

Des Herrn Werk geht wunderlich, wie er selbst wunderbar ist. Aber deswegen geht's ganz verborgen, jedoch so viel gewisser, wo wir nicht nachlassen. Gibt dir dein Gott die Freude nicht, daß du sobald siehst den Nachdruck deiner Arbeit: Vielleicht will er es dir verbergen, daß du dich nicht dessen überhebst. Es steht Gras da, daß du meinst, es sei unfruchtbares Gras. Tust du aber ferner mit dem Begießen das Deinige, werden die Ähren gewiß endlich herauswachsen und zu seiner Zeit reif werden.

Lasset uns in diesem Fall die Arbeit fortsetzen, die Sache unserem Hausvater befehlen und ihn eifrig bitten und auch darin zufrieden sein, was er uns an Erfolg bei unserer Arbeit sehen lassen will. Also lasset uns alle mit herzlicher Andacht einander helfen, zu kämpfen mit Gebet und Flehen, daß uns Gott wolle hier und dort eine Tür des Wortes nach der anderen auftun, fruchtbar zu reden das Geheimnis Christi, daß wir darin freudig handeln und reden wie es sich gebührt, und seinen Namen mit Lehre, Leben und Leiden zu verherrlichen.

In Zusicherung solches meines armen aber inbrünstigen Gebetes und mit der Bitte und in der Hoffnung auf gleiche brüderliche Fürbitte empfehle ich euch alle des großen Gottes treue Huld und Regierung.

Frankfurt am Main, den 8. September 1675

D. Philipp Jacob Spener

I. Speners Klage über den Zustand der Kirche

Gnade, Licht und Heil von Gott, dem himmlischen Vater durch Christus Jesus in dem Heiligen Geist allen denen, die den Herrn suchen!

Die Zeichen der Zeit

Wenn wir mit christlichen und nur etwas erleuchteten Augen (nach unseres Erlösers Vermahnung, die Zeichen der Zeit und ihre Beschaffenheit zu beurteilen) den jetzigen Zustand der gesamten Christenheit ‖ ansehen, so möchten wir billig mit Jeremia 9,1 in die kläglichen Worte ausbrechen: *Ach, daß wir Wassers genug hätten in unseren Häuptern und unsere Augen Tränenquellen wären, daß wir Tag und Nacht beweinen möchten den Jammer unseres Volkes [...].*
Ich will jetzt nicht reden von dem Elend der christlichen Kirchen, deren Glieder verborgen liegen unter dem babylonischen Gefängnis des unrichtig lehrenden antichristlichen Roms, auch nicht von denen unter der nicht so schweren türkischen Tyrannei, von den erschrecklichen Ärgernissen in den griechischen und morgenländischen Kirchen, wo sich unglaubliche Unwissenheit mit vielen Irrtümern vermengt oder von anderen vom Papsttum wohl abgetretenen, aber unter irrigen Lehren lebenden oder zu der Reinigkeit der Lehre nicht gekommenen Gemeinden. Sie müssen dort in höchster Gefahr mit Furcht und Zittern ihre Seligkeit wirken. An ihren Jammer kann von einer gottseligen Seele nicht ohne innerste Bewegung gedacht werden.
Sondern wir bleiben allein bei unserer evangelischen Kirche, die das teure und reine Evangelium dem äußerlichen Bekennen nach annimmt, das durch das selige Rüstzeug Gottes D. Martin Luther in dem vergangenen Jahrhundert wiederum deutlich gezeigt worden ist. ‖ In ihr müssen wir ja deswegen die wahre Kirche allein noch sichtbar erkennen. Wir können doch auch auf dieselbe die Augen nicht richten, ohne daß wir sie nicht bald aus Betrübnis und Scham wiederum niederschlagen müssen.

Gott bezeugt seinen Zorn

Denn sehen wir das Leibliche an, so müssen wir bekennen, daß von ziemlicher Zeit her die dieser Kirche angehörigen Reiche und Länder, wenn auch in unterschiedlichen Graden und zu unterschiedlichen Fristen, alle oft erfahren haben müssen die Plagen wie Pest, Hunger und sonderlich stetswährende oder doch öfter wieder aufbrechende Kriege. Mit ihnen pflegt nach der Schrift der gerechte Gott seinen Zorn zu bezeugen und anzudeuten. Ich halte aber gleichwohl solche Trübsale für das geringste, ja für eine Wohltat, wodurch Gott noch viele der Seinen erhalten und dem Schaden etwas gewehrt hat, der durch leibliches Wohlergehen noch verzweifelter würde.

Aber wie zwar fleischlichen Augen unkenntlicher, so ist doch hingegen unvergleichlich schwerer und gefährlicher *das geistliche Elend* unserer armen Kirche. Und dieses hat vornehmlich zwei Ursachen.

Die Bedrohung der evangelischen Christenheit

Die eine besteht in den *Verfolgungen*, welche die wahre Lehre sonderlich von dem antichristlichen Babel [= Rom] leiden muß. Nun liegt es zwar auf der Hand, daß die Verfolgungen nicht weniger ein herrliches Mittel sind, wodurch das Wachstum der Kirche oft befördert wird. Also, daß wir die christliche Kirche nimmermehr seit der Apostelzeit in besserem und von Gott herrlicherem Stande antreffen, als sie unter den grausamsten Verfolgungen gestanden, wo ihr Gold unaufhörlich in dem Schmelzofen gelegen, dessen Flamme keine Schlacken daran hat wachsen lassen oder dieselben bald verzehrt. Aber wir sehen zweierlei an den bisherigen Verfolgungen, die uns dieselben betrübter macht. ‖

Groß Macht und viel List

Einmal, weil der Teufel erkannte, daß seine gewalttätigen und blutigen Verfolgungen nichts vermochten, sondern die Leute zu einer zwar schrecklichen doch kürzeren Marter so freudig gewesen waren, daß sie mehr dazu geeilt als sich davon zurückgezogen haben.

Nunmehr ist er klüger geworden und hat eine andere Art von Verfolgung angefangen, die ganz allmählich die der wahren Religion Zugetanen von der erkannten Wahrheit abzuziehen sucht. Teils geschieht dies durch langwierige Drangsale und stets anhaltende Drohworte, teils durch Verheißungen und Bilder von der Herrlichkeit der Welt, teils durch Vertreibung der wahren [evangelischen] Lehrer, damit die Kinder und Nachkömmlinge wieder zur falschen Religion gebracht werden. Diese Art der Verfolgung, wie sie in der Alten Kirche von dem heidnischen Kaiser Julian dem Abtrünnigen gebraucht wurde, ist der Kirche, obwohl weniger Blut vergossen wurde, doch (wie Rufinus klar bezeugt) viel gefährlicher gewesen als die vorige. Also hat sie bis daher der römische Papst auch gegen uns zu gebrauchen vorgezogen. [...] Und dadurch wird mehr Schaden zugefügt, als wo Feuer und Schwert in die Hand genommen werden.

Die stille Gegenreformation

Das andere, das aus dem vorigen folgt, ist, daß dadurch das römische Papsttum unterschiedliche Reiche und Provinzen wiederum wirklich unter sich gebracht hat, die entweder ganz die Wahrheit der [evangelischen] Lehre erkannt hatten, oder in welchen doch viel Samen ausgestreut worden war, so daß keine oder wenige Bekenner der evangelischen Wahrheit mehr in denselbigen sind. So trachtet es zu seinem Ziel zu gelangen, daß etwa das übrige allmählich abstirbt und der äußerliche Begriff der wahren Kirche [sein äußerer Lebensraum] immer enger gespannt, die eigenen Grenzen aber weiter ausgebreitet werden. So ist das verhindert worden, was die früheren Verfolgungen allezeit bewirkt haben, daß die Christen sich vermehrt und deswegen das Blut der Märtyrer für den kräftigsten Dung derselben gehalten worden ist, so daß die Gläubigen, die vor der Welt zu unterliegen schienen, in dem allen gleichwohl weit überwunden und einen Sieg nach dem anderen davon getragen haben (Welches nach andern in seinem neulich hier ‖ gedruckten erbaulichen *»Kreuz- und Geduld-Spiegel«* Herr D. Christian Korthold, mein in dem Herrn vielgeehrter Freund, im 14. Kapitel aus der Kirchenhistorie klar kundtut) [...]. ‖

Die Versuchungen in den eigenen Reihen

Die andere und hauptsächliche Ursache des Jammers unserer Kirche ist, daß in derselben (ausgenommen, daß uns Gott noch nach seiner überschwenglichen Güte sein Wort und heiliges Sakrament gelassen hat) es fast an allen Orten mangelt. Wo ist ein Stand, den wir rühmen könnten so dazustehen, wie die christlichen Regeln erfordern?

Die christliche Obrigkeit

Sehen wir uns den *weltlichen Stand* [= Obrigkeit] an und in demselben diejenigen, die nach göttlicher Verheißung nach dem A.T. (Jesaja 49,23 vgl. 60,16) *Pfleger und Säugammen der Kirchen* sein sollten: Ach wie wenig sind unter denselben, die sich erinnern, daß ihnen Gott ihre Zepter und Regimentsstäbe dazu gegeben und sich ihrer Gewalt zu seines Reiches Förderung bedienen! Leben nicht die allermeisten - was die großen Herren anbelangt - in den Sünden und Weltlüsten, die das Hofleben zumeist mit sich bringt und als fast unzertrennlich davon betrachtet werden? Andere Magistratspersonen suchen den eigenen Nutzen, daß man aus solchem Leben mit Seufzen folgern muß, daß nur wenige unter ihnen wissen, was das Christentum sei, geschweige, daß sie selbst dieses an sich haben und üben sollten. Wie viele sind darunter, die sich durchaus nicht um das Geistliche kümmern, sondern mit jenem Gallion der Ansicht sind, es gehe sie nichts anderes an als das Zeitliche? Auch unter denen, die sich noch der ersten Tafel [1.-3. Gebot] annehmen wollen und sich um der Kirche Wohl bemühen, ‖ sind viele, die nur die hergebrachte Religion zu erhalten und falsche abzuwehren suchen. Damit ist doch noch nicht alles geschehen! Ja, bei vielen ist zu befürchten, daß ihr noch bestehender Eifer für unsere Religion [...] nicht aus der Liebe zur Wahrheit, sondern aus einem politischen Interesse herrührt! Wie undankbar sind viele gegenüber der großen Güte Gottes, die sie vor über 100 Jahren von dem harten Joch der päpstlichen Klerisei [Herrschaft der Kleriker] befreit hat, die die damals lebenden, auch die gekrönten Häupter, genug erfahren haben? Hat Gott nicht ihnen gezeigt, was sie sein sollen?
Mißbrauchen sie nicht jetzt ihre Gewalt, die ihnen zur Förderung, nicht zur Unterdrückung der Kirche gegeben worden ist, durch eine

unverantwortliche Caesaropapia [Herrschaft des Kaisers über die Kirche]? Damit hindern sie mutwillig, wo etwa einige von Gott gerührte Diener der Kirche etwas Gutes zu stiften meinen. Sodaß zu bejammern ist, daß in einigen Orten die Gemeinden besser dran sind, die unter anderer [d.h. nicht evangelischer] Obrigkeit leben. Sie müssen wohl in mancher Beziehung viel leiden, aber doch werden sie in der Übung dessen, was zur Erbauung dient, nicht eben ganz gehindert, wogegen sie von einer Obrigkeit im eigenen Bekenntnis mehr Hindernis als Förderung haben würden.

Der Stand der Theologen

Wie es nun in dem weltlichen Stande betrübt genug aussieht, ach, so mögen wir Prediger in dem geistlichen Stande nicht leugnen, daß auch dieser Stand ganz verderbt sei. Aus diesen beiden führenden Ständen bricht die meiste Verderbnis unter den Gemeinden auf. Jener alte Kirchenvater hat vordem so zu folgern befohlen: [...] || *Gleichwie, wo du einen Baum siehst, dessen Blätter bleich sind und er verdirbt, du daraus schließt, daß ein Mangel an der Wurzel sei: Also wo du siehst, daß ein Volk ohne Zucht ist, so schließe ohne Zweifel, daß es mangle an einer heiligen Priesterschaft.*
Ich erkenne gern unseres göttlichen Berufs Heiligkeit an. Ich weiß auch, daß Gott in unserem Stand die seinigen übrig behalten hat, die das Werk des Herrn mit Eifer meinen. Ich bin auch nicht von dem Gemüt, mit einem Elias Praetorius [Pseudonym von Christian Hoburg] auf das Extreme auszugehen und Kind und Bad zusammen auszuschütten. Sondern der allsehende Herzenskündiger sieht, mit welcher Betrübnis meiner Seele ich oft hieran denke und jetzt dieses schreibe. Doch ich kann nichts anderes sagen, als daß wir Prediger in unserem Stande so viel an Reformation wie je ein Stand bedürfen. Denn Gott hat allgemein, wenn er eine Reformation vorgehabt hat, wie z.B. im A.T. durch gottselige Könige, sie bei dem geistlichen Stand anfangen lassen.

Ich klage mich auch an

Ich nehme mich auch nicht aus der Zahl derer heraus, die in unserem Stand bisher des Ruhmes mangeln, den wir vor Gott und der Kirche haben sollten. Ich sehe mehr und mehr, woran es mir auch selbst mangelt und bin bereit, auch bei den anderen solches brüderlich vorauszusetzen. Ja, es betrübt mich nichts mehr, als daß ich fast nicht sehe, wie in solcher grauenhafter Verderbnis unsereiner sein Gewissen retten möge.

Wir müssen ja nicht nur bekennen, daß in unserem Stande hin und wieder Leute gefunden werden, die auch von öffentlichen Ärgernissen nicht frei sind. Sondern auch, daß unter ihnen viel weniger sind, als man auf den ersten Blick meinen könnte, die das wahre Christentum (das doch nicht in Enthaltung von äußerlichen Lastern und in einem äußerlich unanfechtbaren moralisch ‖ guten Leben besteht) recht verstehen und üben. Auch bei vielen, deren Leben, gemessen an der allgemeinen Weltmode, untadelig erscheint, läßt sich der Weltgeist in Fleischeslust, Augenlust und hoffärtigem Leben, wenn auch in subtiler [feinerer] Form, erkennen. Man hat hier selbst das erste praktische Prinzip des Christentums, die Selbstverleugnung, niemals mit Ernst sich vorgenommen.

Zur Theologie genügen nicht Fleiß und Klugheit allein

Man sehe auf die Art, wie man Beförderungen, Verbesserungen erstrebt, man sehe auf die Lehr- und anderen Verrichtungen [der Prediger].

Man tue das mit liebreichen und vom Licht des Geistes erleuchteten Augen. Was gilt's! Ob man nicht bei vielen, von denen man gern aus christlicher Liebe besser urteilen würde, das feststellen muß, was sie selbst nicht sehen: wie tief sie noch in der alten Geburt stecken und die rechten Kennzeichen der Wiedergeburt in nichts tätlich haben? So möchte Paulus noch an vielen Orten klagen, Philipper 2,21: *Sie suchen alle das Ihre, nicht das, was Christi Jesu ist.*

Nun gibt solches nicht nur großes Ärgernis, wo es erkannt wird. Ja, das größte Ärgernis ist schon vorhanden, da es nicht erkannt wird und die Menschen (die allzeit nach der Unart unserer Natur lieber nach

Vorbildern als nach der Lehre urteilen) auf die Gedanken kommen, daß sei schon das rechte Christentum, das sie an ihren Predigern sehen, und sie brauchten nichts weiter zu bedenken. Doch das allerbetrüblichste ist, daß bei so vielen Predigern ihr Leben und der Mangel an Glaubensfrüchten anzeigt, daß es ihnen selbst an dem Glauben mangelt. Und dasjenige, was sie für Glauben halten und aus dem heraus sie lehren, ist durchaus nicht der rechte Glaube, der aus des Heiligen Geistes Erleuchtung, Zeugnis und Versiegelung durch das göttliche Wort geweckt ist, sondern eine menschliche Einbildung. Da sie aus der Schrift aber allein deren Buchstaben ohne Wirkung des Heiligen Geistes, also aus menschlichem Fleiß (wie andere in anderen Studien durchaus etwas lernen) haben, haben sie zwar die rechte Lehre gefaßt, pflichten ihr auch bei und wissen sie anderen vorzutragen, aber von dem wahren himmlischen Licht und Leben des Glaubens sind sie ganz entfernt.
Keinesfalls will ich daraus folgern, daß durch solche Leute und ihren Dienst nichts Gutes gewirkt oder bei jemandem der wahre Glaube und wahre Bekehrung zuwege gebracht werden könnte. Denn das Wort empfängt seine göttliche Kraft nicht von der Person, die es vorträgt, sondern in sich selbst hat es sie. Paulus freut sich dessen: Philipper 1,15.16.18 [...]. ‖
Gleichwohl wird ein verständiger Christ nicht bestreiten, daß dergleichen Leute, die selbst den wahren göttlichen Glauben nicht haben, ihr Amt nicht so zu tun vermögen, daß sie durch das Wort bei den Zuhörern diesen wahren göttlichen Glauben erwecken, wie es sich gehörte. Sie sind dann untüchtig zu dem erhörlichen Gebet, wodurch ein gottseliger Prediger viel Segen erlangt. Sie können nicht die erforderliche Weisheit haben, welche von demjenigen gefordert wird, welcher andere mit allem erforderlichen Nachdruck lehren und auf den Weg des Heils führen sollte. Bei mir ist kein Zweifel, daß wir bald eine ganz andere Kirche haben würden, wo wir Lehrer zum überwiegenden Teil diejenigen wären, die mit Paulus ohne Erröten unseren Gemeinden zurufen dürften: 1.Korinther 11,1: *Seid meine Nachfolger, gleichwie ich Christi!*
Dagegen finden wir eine nicht geringe Zahl, die es selbst nicht für nötig halten, so zu sein, wie es wiederum der Apostel, Epheser 4,21, seinen Ephesern als längst gelernt vorhält: *daß in Jesus ein rechtschaffenes Wesen sei.* Und also ist die allgemeine Art, wie die große

Mehrheit sich einbildet, selig zu werden, nicht göttlicher Ordnung gemäß. Wenn der Prediger selbst nichts anderes dafür hält, wie will er dann die Zuhörer so weit bringen, wie es nötig ist?
Ich erschrecke und schäme mich fast, so oft ich daran denke, daß die Lehre von der ernstlichen inneren Gottseligkeit etlichen so gar verborgen oder unbekannt sein sollte, daß, wer dieselbe mit Eifer treibt, kaum bei einigen den Verdacht vermeiden kann, er sei ein heimlicher Papist, Weigelianer oder Quäker. Der selige und der Reinheit der Lehre wegen bekannte D. Balthasar Meißner hat zu seiner Zeit geklagt: *Daß man kaum mehr des Weigelianismus und neuer Sektiererlehre unverdächtig bleiben könne, wenn wir mit notwendigem Eifer die ‖ Gottseligkeit treiben und was gelehrt wird, stets ermahnen, in die Praxis zu bringen.* [...] So sind auch sonst derjenigen viele, die den Schaden Josephs in vielen Dingen nicht verstehen. Wenn wir nur eben von den Widersachern falscher Religion keine Not hätten und äußerlicher Friede wäre, meinen sie, daß die Kirche in dem glückseligsten Zustand wäre. Sie sehen darum ihre gefährlichen ‖ Wunden durchaus nicht. Wie sollten die dann solche verbinden oder heilen?

Streitgespräche

Daher kommt es, daß (obwohl die Kontroversen weder das einzige noch das wichtigste sind; sie gehören freilich mit zur Theologie und wir sollen nicht nur wissen, was wahr ist, um demselben folgen zu können, sondern auch, was falsch ist, um demselben zu begegnen) nicht wenige alles allein auf die Streitgespräche setzen und meinen, es sei alles gut geraten, wenn wir nur wissen, wie wir den Papisten, Reformierten, Wiedertäufern u.a. auf ihre Irrtümer zu antworten haben. Es gehe dann mit den Früchten der Glaubensartikel, die wir etwa noch mit ihnen gemeinsam haben und mit den von allen anerkannten Lebensregeln, wie es wolle. Es klagte der alte und erfahrene Kirchenlehrer Gregor von Nazianz sehr bedächtig zu seiner Zeit über solche Streitsucht [...]: *Wir sind alle allein darinnen gottselige Leute, daß wir einer den anderen als Gottlose verdammen. [...] Wer gut oder böse sei, urteilen wir nicht nach dem Leben, sondern nach dem, ob sie in der Lehre mit uns einig oder nicht eins sind. [...] Daß etliche sind, welche*

unter sich streiten über geringe und unnütze Dinge und suchen sich dann törichte und vermessene Anhänger, so viel sie ihrer zuwege bringen ‖ können und schützen dann vor, als wäre es um den Glauben zu tun. So wird solcher trefflicher Name durch ihren eigenen Streit und Gezänk zerrüttet. Wer erkennt aber nicht, da er auf den Augenschein geht, daß, wenn der liebe Vater sollte auferstehen, er eben zu solcher Klage würde genugsam Ursach bei uns finden? [...]
Wohin zielte der selige Rostocker Theologe D. Johann Affelmann, als er die Theologiestudenten in einer programmatischen Rede so ansprach? [...] *Wir zweifeln nicht, diejenigen verflucht zu halten, die alle rechtschaffene eifrige Übung der wahren Gottseligkeit und des inwendigen Menschen hintansetzen und die Theologie oder das wichtigste darinnen ‖ auf das Disputieren setzen und also Gott nur die Zunge, dem Teufel aber die Seele geben, wie Bernhardus redet. Denn wie wir wissen, daß Christus (zugleich und nicht voneinander geschieden) sei der Weg, die Wahrheit und das Leben, so ist er der Weg wegen seines heiligen Lebens, worinnen wir mit höchstem Fleiß ihm folgen müssen, die Wahrheit wegen seiner Lehre, die mit gläubigem Herzen ist anzunehmen. Das Leben nach seinem Verdienst ist mit dem wahren Glauben zu ergreifen. Ach, würde hieran fleißiger gedacht, wie viel besser sollte es doch stehen!*

Fremdes ist in die Theologie eingedrungen!

Aber wir können ja nicht bestreiten, daß, ob wir wohl durch Gottes Gnade die reine Lehre aus Gottes Wort noch haben, daß gleichwohl hin und wieder allgemach in die Theologie viel Fremdes, Unnützes und mehr nach Weltweisheit Schmeckendes eingeführt wird. Darin steckt mehr Gefahr, als man denken möchte. Es sollten uns im Sinn liegen die Worte des hocherleuchteten Luther (WA 10, 2,165f): *Hütet euch, Satan hat es im Sinn, daß er euch mit dem Unnötigen aufhalte und das Nötige damit hindere und wenn er eine Handbreit bei euch einbricht, will er hernach den ganzen Körper mit Sekten voll unnützer Fragen einführen, wie er bisher in den hohen Schulen durch die Philosophie getan hat.* Also hören wir, wie nicht geringer Schade sei, wo

man außer und über die Schrift will klug und witzig sein. Und doch wird es an Exempeln nicht mangeln.
Man vergleiche unseres teuren Luthers Schriften, wo derselbe mit Erklärung göttlichen Wortes umgeht oder die christlichen Glaubensartikel behandelt, auch die vor Augen liegenden Werke anderer Theologen seiner Zeit, mit den heute herauskommenden. Man wird wahrhaftig finden, wenn man es frei heraus bekennen will, daß in jenen viel geistreiche Kraft und in höchster Einfalt vorgetragene Weisheit angetroffen wird und wie leer fast dagegen diese sind. In den neueren findet sich wohl ein stärkerer Apparat von menschlicher prächtiger Gelehrsamkeit, verkünstelten Wesens, auch vorwitziger Geistreichigkeiten in Dingen, wo wir nicht über die Schrift hinaus weise sein sollten.
Und ich weiß nicht, ob unser seliger Herr Luther, wo er wieder aufstehen sollte, nicht auch an unseren ‖ Universitäten öfters dieses und anderes strafen würde, was er mit Eifer zu seiner Zeit den Zeitgenossen vorgehalten hat.

Unsere Klage über die Streittheologie ist nicht neu!

Es ist zwar diese Klage nicht neu. Der stattliche Mann D. David Chytraeus, welcher vor vielen anderen die Mängel der Kirche eingesehen und wegen seiner vortrefflichen Erfahrung und christlichen Klugheit von Königen und Fürsten zur Ordnung von Kirchen- und Schulwesen mehrfach angefordert wurde, klagte schon darüber im vergangenen Jahrhundert in einem Schreiben an Hieronimus Menzel (in Epistolae, 348.): *Wollte Gott*, spricht er, *wir gewöhnten unsere und unserer Zuhörer Gemüter daran, den Herrn zu fürchten, zur Buße und Bekehrung, zum Schrecken vor dem Zorn und Gericht Gottes über die Sünde, zur Übung der wahren Gottseligkeit, Gerechtigkeit und Liebe zu Gott und unserem Nächsten und nicht an disputierliche Zanksachen. Dadurch wird nur gezeigt, daß die in vergangenen Zeiten gewesene Sophisterei* [Spitzfindigkeit] *nicht weggenommen, sondern nur auf andere Fragen und Streitigkeiten umgewechselt oder verändert worden ist.*

Wiederum an einen anderen, an Johann Judex [Epistolae, 500]: *Es schmerzt mich, nachdem die Theologie kaum aus der Finsternis der päpstlichen Sophisterei hervorgekommen ist, daß sie allzusehr auf eine neue Sophisterei unnützer und vorwitziger Fragen zurückschlägt, da doch die christliche Religion nicht eben in Wissenschaft und Spitzfindigkeit der vorwitzigen Fragen, die zu unserer Zeit erneuert werden, besteht. Sie besteht vielmehr darin, daß wir den wahren Gott und unseren Erlöser Jesus Christus aus seinem Wort recht erkennen, inniglich fürchten und aus wahrem Glauben liebhaben, ihn anrufen, ihm in Kreuz und ganzem Leben gehorsam sind und andere Leute von Herzen lieben, ihnen mildiglich helfen, in aller Gefährlichkeit in unserem Leben, ja auch im* || *Tod selbst mit festem Vertrauen auf die uns in Christus erworbene Gnade ruhen und erwarten, daß wir mit Gott ewig leben mögen.*

Wie sehnlich klagt auch der wohlverdiente selige D. Nikolaus Selnekker in der Vorrede über die Psalmen, da er sagt: *Man finde allewege mehr Bücher, die voll Disputierens und Zankens und Scheltens und Lästerns und voll strittiger Händel sind, die doch zu nichts als zu dem Schulgezänk dienen, als daß man feine Lehr- und Trostbücher finden und kaufen könnte, die fein und recht das Wort Gottes auslegen und rechte reine Lehre führen. Und das soll ein köstlich Ding sein, besser als ein Heiligtum, so es doch allgemein voll privater Affekte und heimlicher Rachgier und Verwirrung der Wahrheit steckt? Man tue die Menschengedanken hinweg, die ohne Gottes Wort und Heiligen Geist gehen. Man tue ab alles unnötige Gezänk und Disputieren und eigene Rachsucht, Ehrgeiz und Lästerung, so wird man gewiß in unserer Zeit wenig solche guten Bücher finden, die augenblicklich geschrieben werden.*

Damit stimmt auch Magister Johannes Dinckel, Coburgischer Superintendent in einer Vorrede über Luthers Betbüchlein überein, da er auch von dem Schaden weiß, der davon entsteht: *Darüber wird die rechte praktische Theologie, das ist die Lehre vom Glauben, Liebe und Hoffnung hintangesetzt und wird dadurch wiederum eine »spinöse« Theologie, eine stachlige, dornige Lehre auf die Bahn gebracht, welche die Herzen und Seelen ritzt und kratzt wie in den Zeiten vor Martin Luther.*

Doch wie nun alle diese und andere wohlgesinnte Lehrer dieses beklagen und herzliche Besserung wünschten, so ist doch fast nichts damit erreicht worden. Der Augenschein ergibt es, daß diese Unart [einer Streittheologie] mehr zu- als abgenommen hat. Zu Anfang unseres Jahrhunderts hat D. Johann ‖ Valentin Andreae in vielen Schriften das sehnlich beklagt und dergleichen [zänkische] Leute ziemlich empfindlich kritisiert. Aber was nützen den Tauben diese Unterhaltungen?

Wir lernen vieles in der Theologie, von dem wir wünschten, es nicht gelernt zu haben!

Also lernen wir [in der Theologie] vieles, von dem wir wünschten, daß wir es nicht gelernt hätten. Darüber wird das versäumt, woran uns mehr, ja alles gelegen ist, wie wir oben aus Luthers Worten vernommen haben. So mancher christlicher Theologe erfährt das, wenn er durch Gottes Gnade in ein Amt kommt. Ein großer Teil der Dinge, worauf er saure Arbeit und schwere Kosten [während des Studiums] angewandt hat, nützen ihm sein Lebtag nichts. So muß er fast aufs neue das zu studieren anfangen, was notweniger ist. Da wünschte er, es vorher erkannt zu haben und daß er dazu [von seinen Lehrern] mit Fleiß und Weisheit geführt worden wäre. Es mangelt tatsächlich selbst zu unseren Zeiten nicht an solchen Männern, die es mit der Kirche Gottes wohl meinen und diesen Fehler beobachten [...] wie der württembergische Theologe D. Balthasar Raith im Jahr 1669 in der Leichenrede auf den berühmten seligen Herrn D. Christoph Zeller, zu Tübingen: Vor wenigen Jahren habe er und mit ihm der um die Sächsische Kirche wohlverdiente Theologe D. Jakob Weller (als sie zum Reichstag zu Regensburg zusammengekommen waren, um untereinander die Verhandlungen zu führen) davon gesprochen, wie doch die scholastische Theologie, die Luther zur Vordertür herausgetrieben hat, von anderen aber durch die Hintertür wieder hereingelassen worden ist, aufs neue aus der evangelischen Kirche ausgetrieben werden könnte. Die rechte biblisch [gegründete] Theologie sollte hervorgebracht ‖ werden. [...] Ach wollte Gott solcher tapferen Theologen damalige Ratschläge gesegnet haben oder noch künftig die segnen, die das gleiche Verlangen haben. Das würde wohl eine der größten Wohltaten sein, für die wir seiner himmlischen Güte zu danken hätten.

Der Schaden ist größer als wir denken

Dieser Mangel richtet mehr Schaden an, als sich die meisten vorstellen. Denn die Gemüter werden an diese Streittheologie gewöhnt. Davor hat schon Paulus seinen Timotheus gewarnt und befiehlt ihm, *zu lehren, daß sie nicht acht hätten auf die Fabeln und Geschlechtsregister, die kein Ende haben und eher Fragen aufbringen, als Besserung zu Gott im Glauben, da doch die Hauptsumme des Gebotes ist Liebe von reinem Herzen und von gutem Gewissen und von ungefärbtem Glauben. Davon sind einige abgeirrt und haben sich umgewandt zu unnützem Geschwätz: Wollten der Schrift Meister sein und verstehen nicht, was sie sagen oder was sie setzen* (1.Timotheus 1,4.5.6.7). Wiederum Kapitel 6,3.4.5 sagt er: *Wenn jemand anders lehret und bleibet nicht bei den Worten unseres Herrn Jesu Christi* (solche sind aber lauter Einfalt und nicht menschliche Spitzfindigkeit, sondern göttliche Weisheit) *und bei der Lehre von der Gottseligkeit* (hier lasset uns den Zweck unserer Studien wahrnehmen?), *der ist verdüstert und* (da er der gelehrteste Meister in Israel, der alles zu wissen meine und dafür gerühmt wird) *weiß nichts, sondern ist süchtig im Fragen und in Wortgefechten, aus welchen entspringt Neid, Hader, Lästerung, böser Argwohn, Schulgezänke solcher Menschen, die zerrüttete Sinne haben und der Wahrheit beraubt sind, die da meinen, Gottseligkeit sei ein Gewerbe.* So hat er auch treulich seine Kolosser (2,8) gewarnt: *Sehet zu, daß euch niemand beraube durch Philosophie und lose Verführung nach der Menschenlehre und nach der Welt Satzungen und nicht nach Christo.*

Wo dann ein Gemüt mit einer solchen Theologie angefüllt ist, die zwar das Fundament des Glaubens auf Grund der Schrift festhält, aber so viel Holz, Heu und Stoppeln menschlichen Fürwitzes darauf gebaut hat, daß ‖ man das Gold kaum mehr sehen kann, so wird es über alle Maßen schwer, die rechte Einfalt Christi und seiner Lehre zu fassen. Wenn der Geschmack an andere, unserer Vernunft anmutigere Dinge gewöhnt ist, wird ihm jenes ganz abgeschmackt vorkommen. Und ein solches *Wissen* (das ohne die Liebe bleibt) *blähet auf* (1.Korinther 8,1). Es läßt den Menschen in seiner Eigenliebe, ja hegt und stärkt dieselbe mehr und mehr. Jene der Schrift unbekannte Spitzfindigkeiten kommen gewöhnlich bei denen, die sie entwickeln, aus der Begierde heraus, die eigene Scharfsinnigkeit an den Tag zu bringen, um sich einen großen Namen, der ihnen auch in der Welt einen Nutzen einbringt, zuwege zu bringen. So erregen sie auch bei denen, die damit umgehen, ebenfalls Ehrsucht und andere einem wahren Christen unziemliche Leidenschaften vielmehr als wahre Gottesfurcht. Es fangen diese Leute an, große Einbildungen zu bekommen, die sich in solchen Dingen üben. Denn das, was allein not tut, erscheint ihnen viel zu gering. Sie bringen also das in die Kirche Christi, von dem man schwerlich dann lassen kann: Man trägt zu Markte, was einem am besten gefällt und treibt im allgemeinen das, von dem die Zuhörer, die nach dem Heil verlangen, wenig Erbauung finden. Wenn es hoch kommt, so erreichen sie bei ihren etwas gebildeteren Zuhörern, daß diese einen ziemlichen Überblick über die Religionsstreitigkeiten bekommen, um mit anderen darüber disputieren zu können. Das halten sie für ihre größte Ehre. So verharren Lehrer und Zuhörer in dem Gedanken, das einzig Notwendige sei die Behauptung und das Festhalten der wahren Lehre, daß sie nicht durch Irrtümer umgestoßen wird, und sie merken nicht, wie sehr sie durch menschlichen Fürwitz verdunkelt wird.

Beweis des Geistes und der Kraft ist nötig

Ach, wie kann man so gar nicht Paulus nachsprechen (1.Korinther 2,4): *Meine Worte und meine Predigt war nicht in vernünftigen Reden menschlicher Weisheit, sondern in Erweisung des Geistes und der Kraft, auf daß euer Glaube bestehe nicht auf menschlicher Weisheit, sondern auf Gottes Kraft.* Ja, man sollte wohl sagen können, der so hocherleuchtete Apostel würde selbst vieles nicht verstehen, wenn er jetzt zu uns käme, was zuweilen solche lüsterne ingenia [geistreiche Menschen] an heiligen Stätten vorbringen. Das kommt daher: Paulus hatte seine Weisheit nicht von menschlicher Kunst, sondern durch die Erleuchtung mit dem Heiligen Geist. Beides ist so weit voneinander

wie Himmel und Erde. ‖ Und so wenig das eine von dem anderen begriffen werden kann, so wenig sind vom Geist erfüllte Seelen dazu bereit, sich zu jenen kraftlosen Phantasien herabzulassen.
So steht es also im Regierstand und unter den Theologen, welche den dritten [den Nährstand] und in ihm das meiste regieren und zu wahrer Gottseligkeit führen sollen.

Das allgemeine Leben unter den Laien

Man kann dann leicht erraten, wie es im dritten Stand zugeht. Es liegt auch hier vor Augen, daß man keine der Regeln Christi öffentlich in Geltung stehen sieht.
Unser lieber Heiland hat uns vorlängst das Merkmal gegeben (Johannes 13,35): *Daran wird jedermann erkennen, daß ihr meine Jünger seid, wenn ihr Liebe untereinander habt.* Hier wird *die Liebe* zum Kennzeichen gemacht, und zwar eine Liebe, die sich öffentlich hervortut und nicht bloß vorgibt, im Herzen zu sein und doch dabei eine unfruchtbare Liebe ist (1.Johannes 3,8)! Urteilen wir nun nach diesem Kennzeichen: Wie mühsam wird man doch unter dem großen Haufen der Christen eine nur geringe Zahl recht wahrer Jünger Jesu herausfinden? Dabei trügt das Wort des Herrn nicht, sondern wird wahr bleiben nun und in Ewigkeit.
Man sehe sich das allgemeine Leben und Treiben an, auch unter unseren sogenannten Lutherischen (die aber dieses Namens nicht wert sind, da sie die Lehre des teuren Luthers vom lebendigen Glauben nicht erkennen). Finden wir nicht schwere Ärgernisse, ja solche Ärgernisse, die in aller Öffentlichkeit geschehen? Ich will nicht von den Lastern sprechen, die auch in der Welt als Unrecht erkannt werden. Denn solches Ärgernis tut nicht viel Schaden. Viel schwerer ist das, was aus den Sünden entspringt, die man aber nicht als Sünden erkennt oder deren Schwere man nicht achtet.

Trunkenheit

Wir müssen bekennen, daß die Trunkenheit zu den Dingen gehört, welche nicht nur an hohen und geringen Orten beim gelehrten und

weltlichen Stande herrscht, sondern gar ihre Verteidiger findet. Sie bekennen wohl, daß derjenige, der daraus ein Handwerk macht, sich damit versündigt. Doch sie meinen, daß bei passender Gelegenheit, wenn man einem Freund gefallen möchte - es soll natürlich nicht zu oft geschehen - , einen Rausch sich anzutrinken, keine oder doch eine Sünde sei, die geringfügig ist. So wird diese Sünde niemals bußfertig erkannt. Denn sollte sie erkannt werden, so muß eben der Haß gegen sie gefaßt sein, sie nimmermehr, auch nicht um jemandem zu gefallen, zu begehen. Wem kommt das aber im allgemeinen Haufen nicht ganz fremd und ungereimt vor, daß ein Kind Gottes dieser Sünde ein für allemal ‖ abschwören solle? Vielmehr denken solche Leute: Die wider solche Sünde eifern, müssen doch seltsame Leute sein oder aus anderen Ursachen dieser Ergötzlichkeit feind sein. Sie mögen diese Stellungnahme nicht als göttlich anerkennen und doch ist sie göttlich.
Paulus versetzt die Trunkenbolde unter keine (vor Gott) ehrlichere Gesellschaft (1.Korinther 6,10) als zu den *Hurern, Ehebrechern, Weichlingen, Knabenschändern, Dieben, Geizhälsen, Lästerern, Räubern.* Die alle werden vom Reich Gottes durch ihn ausgeschlossen.
Auch gilt hier nicht, eine Unterscheidung vorzunehmen, als ob ein Unterschied sei zwischen einem, der es alle Tage tut und seine Freude darinnen sucht und anderen, die es seltener, um anderen bei einer passenden Gelegenheit einen Gefallen zu tun, machen, als ob nur die einen, nicht aber die anderen gemeint seien. Wie nichtig dieser Einwurf ist, läßt sich auch aus anderen Schriftstellen dartun. Ich möchte solche Leute jetzt fragen, ob sie nur das Leben derjenigen Leute für verdammlich halten, welche alle Tage huren, ehebrechen, Knaben schänden, stehlen, rauben usw. Ob sie nicht glauben, daß es auch zuviel sei, wenn man es jedes Jahr nur einmal, geschweige denn jeden Monat einmal täte? Meinen sie nicht doch, daß solche lasterhafte und unbußfertige Leute die Seligkeit verfehlen, wenn sie diese Sünde nicht mit eifrigem Vorsatz ablegen? Wer nur etwas an göttlicher Erkenntnis besitzt, erkennt das doch! Wie kommt es dann, daß wir allein von dieser Sünde so leichthin sprechen und sie kaum anders als bei öfterer Begehung für strafbar ansehen wollen? Denn was können wir mehr herbeibringen zur Verteidigung, als sie eine alte deutsche und nordländische Gewohnheit [...] zu nennen? Meinen wir aber, daß das Gottes Wort aufhebt? Gewiß, dieses Argument gilt so wenig, wie man

dem Ausspruch des Apostels Paulus hätte entgegensetzen können, daß ja auch bei den Griechen diese Gewohnheit eingerissen gewesen sei.
Ja, so wenig wir anderen Völkern, die etwa zur Unzucht, zum Diebstahl und dergleichen mehr geneigt sein möchten, zugestehen, ihre Laster geringer zu halten, so wenig werden sie uns in unserer Trunkenheit entschuldigen und noch viel weniger wird der gerechte Gott sich von uns einen Strich durch sein Gesetz machen lassen.
Es könnten schließlich einige mit dem Argument angezogen kommen, daß die Trunkenheit eine so schwere Sünde nicht sein könne, weil sonst die wahren Christen unter uns gar zu dünn gesät wären. Ich lasse diese Folgerung gelten und folgere noch weiter, daß diese Sünde ‖ desto gefährlicher wird, je mehr sie überhand nimmt und von wenigen erkannt wird. Ja, mit jenen Leuten zu Sodom rühmt man sie und verharmlost sie oder will sie für ein Peccatillum [Sündlein] geachtet haben.

Rechtsstreitigkeiten und Rechtshändel

Man sehe ferner die allgemeine Gewohnheit der Rechtsprozesse an. Muß man nicht gestehen, wenn man sie richtig untersucht, daß es etwas Seltenes ist, wo sie ohne Verletzung der christlichen Liebe und in deren Schranken geführt werden?
Es ist kein Unrecht, sich der göttlichen Hilfe bei der Obrigkeit zu bedienen und sie auf gerichtlichem Wege zu suchen. Doch auch auf einem solchen Weg soll dem Nächsten gegenüber alles geübt werden, was man auch bei dem anderen voraussetzt. Daß dies im allgemeinen nicht geschieht, sondern die meisten die Hilfe der Obrigkeit zu einem Instrument ihrer Rachgier, ihrer Unbilligkeit und unziemlicher Begierden benützen, ist abermals eine Sünde. Aber sie wird nicht dafür gehalten, und daher wird an sie bei der Buße fast gar nicht gedacht [gemeint ist die Beichtvorbereitung beim Abendmahl].
Sieht man auf Handel, Handwerk und andere Erwerbstätigkeiten, womit jeder seine Nahrung sucht, so ist auch hier nicht alles nach den Regeln Christi eingerichtet. Nicht wenige öffentliche Verordnungen und autorisierte Gebräuche sind denselben schnurstracks entgegen.

In allem Gottes Ehre und des Nächsten Bestes suchen

Wer denkt daran, daß er in all dem seines Gottes Ehre und seines Nächsten Bestes suchen soll? Sehen nicht die meisten fast allein darauf, ihren Lebensunterhalt und ihr Auskommen zu haben? Daher geschieht es, daß man es auch nicht für Sünde hält, wo man solche Vorteile gebraucht, die in der Welt keinen bösen Namen nach sich ziehen, sondern wohl für Klugheit und Vorsichtigkeit gerühmt werden, ob sie gleich dem Nebenmenschen neben uns sehr beschwerlich sind, ja ihn gar unterdrücken und aussaugen. Auch die, die gute Christen sein wollen, machen sich hier kein Gewissen: So gar hat die leidige Gewohnheit die Regeln unseres Christentums verdunkelt, daß es uns ungereimt vorkommen will, wenn jemand in konkreten Fällen tut, was ja in dem allgemeinen Satz von allen anerkannt wird (obwohl die Kraft dieser Worte wenig erwogen wird!): nämlich daß wir *den Nächsten lieben sollen wie uns selbst.*

Eine andere Verteilung der Güter ist ganz notwendig!

Wer denkt schon daran, wenn auch die Gemeinschaft, wie sie unter den Christen in der ersten jerusalemischen Gemeinde war, nicht geboten ist, daß gleichwohl eine andere *Gemeinschaft der Güter* ganz notwendig sei? ‖ Warum? Weil ich daran denken muß, daß ich nichts zu eigen habe, denn es ist alles meines Gottes Eigentum, ich bin allein ein darüber bestellter Haushalter. Und es steht mir durchaus nicht frei, das Meinige für mich zu behalten, wann und wie lange ich es will, sondern wo ich sehe, daß es zu Ehren des Hausvaters und zur Notdurft meiner Mitknechte die Liebe erfordert, das, was mir gehört, hinzugeben, so habe ich es zu tun. Denn es ist ein gemeinschaftliches Gut. Der Nebenmensch kann es von mir nach weltlichem Recht nicht fordern. Doch darf ich es ihm ohne Verletzung des göttlichen Rechtes der Liebe, wenn dem anderen nicht anders geholfen werden kann, nicht vorenthalten, obwohl es mir gehört. Sind das nicht fast fremde Lehren, wenn man davon redet? Ist es doch die nötigste Folgerung der christlichen Liebe und in der Urgemeinde durch und durch so gewesen, daß also weder die Gütergemeinschaft, wo niemand mehr Eigenes besitzt, die

Gelegenheit zur Tugend und christlichen Liebe aufhob, noch, wo das persönliche Eigentum erhalten blieb, es zum Hindernis der brüderlichen Liebe wurde.

Die Reichen und die Armen unter den ersten Christen

Daher hatten bei den ersten Christen die Reichen keinen anderen Vorteil, als - da auch sie reich sein mußten in guten Werken (1.Timotheus 6,18) - daß sie die Sorge und Mühe hatten, das zu verwalten, was sie jeden Augenblick bereit waren, so anzuwenden, daß sie damit ihre Liebe gegen Gott und den Nächsten bezeugen konnten und dessen Notdurft anerkannten. Die Armen hatten aber keine anderen Beschwerden (insofern dieses für Beschwerde zu achten ist), als daß sie nicht aus eigener Hand, sondern aus ihrer Brüder Handreichung lebten. Es bedurfte unter den Brüdern keines Bettelns. Sie hätten es für unanständig gehalten, wenn es soweit gekommen wäre. Denn auch Gott hat im A.T. in seiner wohlgefaßten Ordnung den Juden das nicht gestatten wollen (5.Mose15,4). Jetzt aber ist es dahin gekommen, daß das Betteln als ein schändlicher Mißstand des öffentlichen Wesens und gar als ein Schandfleck des Christentums angesehen werden muß, so verbreitet ist es geworden. Dabei ist es ein Deckmantel vieler grausamer Sünden, eine Erschwernis für die wirklich Bedürftigen und auch für die Personen geworden, die zu christlicher Mildtätigkeit bereit sind. Die meisten freilich betrachten ihre Pflicht, dem bedürftigen Nächsten Gutes zu tun, allein schon dadurch als erfüllt, daß sie das eine und das andere Mal einem Bettler unwillig einige Heller zuwerfen.
Ferne von ihnen ist, daß sie doch erkennen sollten, daß sie auch zu solchen Liebestaten verpflichtet sind, die sie wirklich bei ihren täglichen Ausgaben für das eigene Leben verspüren.

Im Alten Testament gaben sie den Zehnten

Im A.T. gaben sie auf göttliche Verordnung mehr als den Zehnten [...] || zum Unterhalt des Predigtamtes, des Gottesdienstes und für die Armen. Wir aber denken nicht daran, daß uns in Christus viel reichliche-

re Wohltaten erwiesen worden sind als jenen. Wir sollten deshalb, wenn es die Notdurft des Nächsten erfordert, bereit sein, nicht weniger, sondern mehr und alles, was wir haben, dazu anzuwenden. Daß solches nicht geschieht und zumeist auch die Mildtätigkeit der wohltätigen Leute fast niemals weiter geht, als aus dem Überfluß (Markus 12,44) mitzuteilen, ist ein Beweis dafür, wie weit wir von der Übung der recht ernstlichen Bruderliebe abgekommen sind. Wir wollen kaum glauben, was sie wirklich erfordert.
Es ist hier nicht der Ort, alles auszuführen. Aus diesen Beispielen aber zeigt sich zur Genüge, daß solche Sünden unter uns verbreitet sind, die jedoch nicht für Sünden gehalten werden und deren Ärgernis destomehr schadet. (Daß sie es dennoch sind, zeigt uns die Heiligen Schrift, die uns das Gegenteil vorhält.)

Die falschen Vorstellungen von Gottesdienst und Glaube

Dabei bleibt es auch nicht, denn wir sehen an der Art, wie man Gott dient, welche Gedanken allgemein verbreitet sind. Sie sind nicht unserer heilsamen Lehre gemäß. Wie herrlich hat das der selige D. Paul Tarnov in seiner Rede »de novo Evangelio« [über das neue Evangelium] dargetan. Man erkennt aus ihr, wie gründlich der eifrige Mann das, woran es mangelt, eingesehen hat. Diese Rede müßte in aller Hände sein.

Einzig und allein durch den Glauben werden wir selig

Wir erkennen gern, daß wir einzig und allein durch den Glauben selig werden müssen, und daß die Werke oder gottseliger Wandel weder viel noch wenig zu der Seligkeit tun. Das gehört allein als eine Frucht des Glaubens zu der Dankbarkeit, zu der wir Gott gegenüber verpflichtet sind, der bereits unserem Glauben die Gerechtigkeit und Seligkeit geschenkt hat. Und es sei ferne von uns, von dieser Lehre nur einen Fingerbreit zu weichen. Lieber sollten wir das Leben und die ganze Welt fahrenlassen als das geringste davon zurückzulassen. Also erkennen wir auch gern die Kraft des göttlichen, des gepredigten Wortes an, daß es eine Kraft Gottes sei, selig zu machen alle, die daran glauben (Römer 1,16). Also, daß wir nicht nur um des Befehls willen, Gottes Wort fleißig zu hören, dazu verpflichtet sind. Auch deswegen, weil dieses die göttliche Hand ist, welche die Gnade anbietet und den || Glauben, den das Wort selbst durch des Heiligen Geistes Kraft erweckt. So weiß ich auch die Taufe und deren Kraft nicht hoch genug zu preisen und glaube, daß sie das eigentliche Bad der Wiedergeburt und Erneuerung des Heiligen Geistes sei (Titus 3,5). Oder wie unser Luther im Kleinen Katechismus sagt, *daß sie wirke Vergebung der Sünde, erlöse vom Tod und Teufel und gebe* (nicht nur verspreche) *die ewige Seligkeit*. Nicht weniger erkenne ich gern die herrliche Kraft, die darin liegt, daß ich nicht nur geistlich, sondern auch *sakramentlich, mündlich* [durch den Mund] *den Leib und das Blut des Herrn in dem heiligen Abendmahl* empfange. Deshalb widerspreche ich aus Herzensnötigung den Reformierten, wenn sie verneinen, daß wir dieses Unterpfand unserer Erlösung in, mit und unter dem Brot und Wein empfangen. Denn sie schwächen seine Kraft und können keine andere darin erkennen, als die, welche wir auch durch das Wort außerhalb des Sakramentes empfangen.

Wie ich nun unsere Kirchenlehre von all diesen Stücken mit Herz und Mund führe und daher auch Luthers Schriften mir so viel angenehmer sind, in welchen wir mehr davon als bei irgend einem anderen Autor finden: so kann ich doch nicht leugnen, daß gegen unsere Lehre und das Bekenntnis der Kirche bei der großen Mehrzahl, ob sie wohl evangelisch heißen, ganz andere Gedanken und Einbildungen von der Sache bestehen.

Gewißheit ist notwendig, nicht falsche Sicherheit

Wie viele führen ein ganz offenbar unchristliches Leben, so daß sie selbst nicht leugnen können, daß es in allen Stücken von der Regel abgeht! Sie haben auch nicht den Vorsatz, künftig anders zu leben. Bei alledem aber bilden sie sich eine feste Zuversicht ein, daß sie dennoch selig werden. Fragt man sie, worauf sie sich gründet, so wird man feststellen, wie sie selbst auch eingestehen, daß sie sich darauf verlassen, daß wir ja nicht durch unser Leben selig werden. Doch würden sie ja an Christus glauben und all ihr Vertrauen auf ihn setzen. Daher könne kein Zweifel bestehen, daß sie aus solchem Glauben selig würden. Dabei halten sie die fleischliche Einbildung eines Glaubens (denn der von Gott gewirkte Glaube ist nicht ohne den Heiligen Geist, der aber bei vorsätzlichen und herrschenden Sünden nicht vorhanden ist) für den Glauben, der selig mache. Das ist aber ein so schrecklicher Betrug des Teufels als je ein Irrtum sein kann: einem solchen Hirngespinst eines sicheren Menschen die Seligkeit zuzuschreiben.

Der Glaube ist nach Luther ein lebendig, geschäftig und tätig Ding, und es ist unmöglich, daß er nicht ohne Unterlaß sollte Gutes wirken

Ach, wie redet unser teurer Luther so ganz anders von dem ‖ Glauben. In der Vorrede über die Epistel an die Römer spricht er: *Glaube ist nicht menschlicher Wahn und Traum, den etliche für Glauben halten: Und wenn sie sehen, daß keine Besserung des Lebens und gute Werke folgen und doch vom Glauben viel hören und reden können, fallen sie dann in Irrtum und sprechen: Der Glaube sei nicht genug, man müsse Werke tun, soll man fromm und selig werden. Das macht, wenn sie das Evangelium hören, so fallen sie dahin und machen sich aus eigenen Kräften einen Gedanken im Herzen. Der spricht: ich glaube. Das halten sie dann für einen rechten Glauben. Aber wie es ein menschliches Gedicht und Gedanken ist, den der Herzensgrund nimmer erfährt, also tut er auch nichts und folget keine Besserung nach. Aber der Glaube ist ein göttlich Werk in uns, das uns wandelt und neu gebiert aus Gott (Johannes 1,13) und tötet den alten Adam. Er macht aus uns ganz andere Menschen von Herzen, Mut, Sinn und allen Kräften und bringt den Heiligen Geist mit sich. O, es ist ein lebendig, geschäftig, tätig Ding um den Glauben, daß es unmöglich ist, daß er nicht ohne Unterlaß sollte Gutes wirken. Er fragt auch nicht, ob gute Werke zu tun sind, sondern ehe man fragt, hat er sie getan und ist immer im Tun.*
Andere Stellen führen wir nicht an, wo er eben auf die gleiche Weise redet. Man lese nur in der Kirchenpostille (Sommerpostille). Dort beschreibt er den göttlichen und menschlichen Glauben recht nachdrücklich und hält beide gegeneinander. Also ist es so, daß bei allen denen, die in herrschenden Sünden leben und also des Heiligen Geistes, daher

auch des rechten Glaubens nicht fähig sind, kein anderer Glaube sein kann als ein solcher menschlicher Wahn. Wie groß ist aber jene Zahl? [...] ‖

Besteht das ganze Christentum darin, getauft zu sein, die Predigt zu hören, Beichte und Abendmahl zu empfangen?

Wir werden durch die tägliche Erfahrung davon überzeugt, daß nicht wenige meinen, das ganze Christentum bestehe darin und damit hätten sie dem Dienste Gottes genug getan, daß sie eben getauft wären, göttliches Wort in der Predigt hören, beichten, die Absolution empfangen und zum heiligen Abendmahl gehen. Es sei nun das Herz bei solchem Dienst wie es wolle, die Früchte folgen nicht. Es genüge ja, daß das Leben so geführt wird, daß darin die Obrigkeit nichts Strafbares finde. Solcher Leute Einbildung beschreibt Johann Arnd im »Wahren Christentum« (II,4): *Ich bin als ein Christ getauft, ich habe Gottes Wort rein, ich höre dasselbe, ich empfange das heilige Sakrament des Abendmahls, ich bekenne und glaube alle Artikel des christlichen Glaubens. Darum kann mir nichts mangeln. Mein Tun muß Gott gefallen und ich muß selig werden. So folgert jetzt alle Welt und meint auch, daß darinnen die Gerechtigkeit bestehe.* Man lese am angegebenen Ort auch die Antwort. Aber damit kehren solche blinden Leute Gottes heilige Intention [Absicht] ganz um. Dein Gott hat dir freilich die Taufe gegeben, daß du nur einmal getauft werden darfst. Aber er hat mit dir den Bund gemacht, welcher auf seiner Seite ein Gnadenbund ist. Solches muß nun dein Leben lang währen, daß es nun auch auf deiner Seite ein Bund des Glaubens und guten Gewissens ist. Und du tröstest dich vergeblich deiner Taufe und der darin zugesagten Gnade der Seligkeit, wo du auf deiner Seite nicht auch in dem Bund des Glaubens und guten Gewissens bleibst. Oder da du abgewichen, wiederum durch herzliche Buße zurückkehrst. Also muß deine Taufe, soll sie dir nützlich sein, in steter Übung bleiben das ganze Leben hindurch.

Des weiteren: Du hörst Gottes Wort. Das ist recht getan. Aber es ist nicht genug, daß dein Ohr es hört. Lässest du es auch in dein Herz hinein dringen, daß diese himmlische Speise ‖ dir Saft und Kraft schenkt?

Oder geht es zu dem einen Ohr hinein und zum anderen hinaus? Der Herr sagt (Lukas 11,28): *Selig sind, die Gottes Wort hören und bewahren.* Das Hören allein macht aber nicht selig, sondern vergrößert nur deine Verdammnis, wenn du die empfangene Gnade nicht anwendest. Nun aber, ach wie viele sind derer, die nicht sagen können, daß Gottes Wort bei ihnen Frucht bringt und dennoch meinen, daß sie Gott einen solchen Gehorsam und Dienst geleistet haben, der sie selig mache!

Die Beichte und die Absolution wirken nicht automatisch

Wir halten auch Beichte und Absolution für ein kräftiges Mittel des evangelischen Trostes und der Vergebung der Sünden. Aber das gilt nur für die Glaubenden. Warum trösten sich dann ihrer so viele, bei denen sich nicht das Geringste von dem wahren Glauben findet, den wir oben beschrieben haben? Sie beichten und lassen sich absolvieren bei fortwährender Unbußfertigkeit. Und doch soll ihre Beichte und Absolution nach ihrer Meinung ihnen nützlich sein. Auch beim Abendmahl denken über die Maßen viele Leute, entscheidend sei, daß sie das heilige Werk oft verrichten. Aber ob sie das geistliche Leben dadurch bei sich stärken lassen, ob sie mit Herzen, Mund und Nachfolge den Tod des Herrn verkündigen, ob der Herr bei ihnen wirkt und herrscht oder ob sie den alten Adam noch auf seinem Thron lassen, wird kaum bedacht. Das heißt doch, daß man unvermerkt den schädlichen Irrtum des opus operatum, den wir an den Papisten kritisieren, wieder einführen [opus operatum: automatisch durch den Vollzug wirksam].

Unsere kirchliche Lehrüberzeugung ist nicht schuldig

Nun ist hieran die Lehre unserer Kirche nicht schuldig, die solchen Einbildungen eifrig widerspricht, sondern das ist der Menschen Bosheit und des Teufels List. Sie versucht, die göttlichen Heilsmittel in eine falsche Sicherheit zu verkehren und so zu einer schweren Verdammnis zu machen. Das sollte doch vielen Predigern zum Anlaß dienen, mit verstärktem Fleiß solcher Sicherheit und falscher Einbildung zu widersprechen und den Leuten die Augen zu öffnen. Dadurch

würde mancher aus seinem Schlaf geweckt und dem Verderben noch entrissen werden.
In einem solchen Zustand sehen wir leider mit betrübten Augen die äußere Gestalt unserer evangelischen Kirche an, die doch die wahre und in der Lehre reine Kirche ist.

Das schwerste Hindernis einer Bekehrung der Juden sind die Christen

Darüber ärgern sich zuallererst die Juden, die unter uns wohnen. Sie werden dadurch in dem Unglauben gestärkt, ja bewogen, den Namen des ‖ Herrn zu lästern.
Denn sie können es nicht glauben, daß es möglich sei, daß wir Christus für einen wahren Gott halten, wenn wir seinen Geboten so gar nicht folgen. Oder es müsse unser Jesus ein böser Mensch gewesen sein, wenn sie ihn und seine Lehre nach unserem Leben beurteilen. Wir können einfach nicht leugnen, daß dieses eine große Ursache ihrer bisherigen Verstockung und ein Hindernis der Bekehrung der Juden gewesen ist: das Ärgernis, das diese armen Leute an uns nehmen müssen. Das hat neben anderen der hochberühmte Straßburger und nachmalige Rostocker Professor D. Joh. Georg Dorsche mit beweglichen Worten beklagt [...]: *Wie vorher die Juden, soviel sie vermochten, verwehrten, daß den Heiden das Evangelium gepredigt würde, so tun die Christen (mit ihren schädlichen Ärgernissen, Gottlosigkeit, Heuchelei, Ungerechtigkeit, Betrügerei, Unreinigkeit, anderen schrecklichen Lastern, Spaltungen,* ‖ *Haßstreitigkeiten, grausamen und schrecklichen Kriegen, vor allem aber dadurch, daß sie leider das Band der heiligsten Bruderschaft zerrissen haben) sowohl ihr eigenes Heil wegwerfen, als auch die Seligkeit der Juden und anderer Ungläubiger verhindern, die sie doch eigentlich befördern und zuwege bringen sollten. Wenn nun aber solche Dinge, die sich mit dem seligmachenden Glauben durchaus nicht vereinbaren lassen, unter uns am stärksten herrschen, wer sollte dann den verderbten, gefährlichen und über alle Maßen verzweifelten Zustand unserer Kirche nicht bitterlich beweinen?*

Wer sollte zweifeln, daß wir in unseren Tagen in den letzten und recht schweren Zeiten stehen? Wer sollte nicht die meisten unter denen, die sich Christen nennen, unter die Zahl derer setzen, die um ihres Unglaubens willen in Gottes strengem Gericht sollen umgehauen werden? Denn was ist das gottlose und verruchte Leben der Christen, die sich der Gottseligkeit nur äußerlich annehmen, aber ihre Kraft verleugnen und durch Mißbrauch der göttlichen Langmut und Gütigkeit sich den Zorn als einen Schatz zusammen sammeln, anderes als ein Zeugnis, das sie öffentlich des boshaften Unglaubens überführt?

Ist das die Frucht der lutherischen Reformation?

Ebenso ärgern sich allerhand Irrgläubige an uns. Vor allem die gegen uns feindseligen Papisten machen des Prahlens darüber kein Ende, als wäre dies die Frucht der Lehre des Evangeliums und der Reformation Luthers. Ihre Anschuldigungen liegen in gedruckten Schriften offen zutage. Ihre Einwürfe sind zwar von gottseligen Lehrern längst beantwortet worden (wie noch kürzlich mein in dem Herrn vielgeliebter Freund und Bruder Herr D. Wilhelm Zesch in seinem 2. Teil der Verteidigung wider P. Caspar Sevenstern, Kap. 5, Art. 2, S. 940, den Widersachern den Mund gestopft hat). Doch wiederholen sie diese immer wieder, um die Schwachen unter uns irre zu machen, bei ihren Leuten aber den Ekel vor unserer Konfession zu stärken.

Außerdem sind auch viele andere, auch gut gesinnte Gemüter darum ‖ auf den Gedanken gekommen: Wir stecken noch ebenso in Babel wie die römische Kirche und können uns dessen nicht rühmen, daß wir uns von ihr getrennt hätten. Und Gott allein weiß, mit welcher Wehmut gottselige Menschen diese betrüblichen Zustände ansehen und mit wie vielen Seufzern und Tränen sie den Schaden Josephs bejammern, daß sie das mit ihren Augen ansehen und doch keine Hilfe erblicken können. Ja, sie beobachten, daß alles fast noch ärger werden wolle. Wie oft entlehnen sie dem David sein Wort (Psalm 119,53.136.139.158): *Ich bin entbrannt über die Gottlosen, die dein Gesetz verlassen. Meine Augen fließen mit Wasser, daß man dein Gesetz nicht hält. Ich habe*

mich schier zu Tode geeifert, daß meine Widersacher dein Wort vergessen. Ich sehe die Verächter und es tut mir wehe, daß sie dein Wort nicht halten. [...]
Sie können sich dann des äußerlichen ruhigen Wohlstandes, womit Gott sie gesegnet hat, nicht sehr freuen, weil solch allgemeiner Jammer ihnen betrüblich zu Herzen geht. Und wäre nicht die starke Hand Gottes, die sie erhält und sie selbst seiner Nähe versichert, auch wenn sie eine allgemeine Besserung nicht erleben, so sollte es ihnen doch wie jenem Baruch (Jeremia 45,5) ergehen: Sie würden sonst allerdings in der Trübsal versinken.

Auch an ihrer Kirche irre gewordene Katholiken zweifeln an uns

Das ist auch das entscheidende Hindernis für viele aufrichtige Gemüter, sie sich in anderen irrgläubigen Gemeinden, vor allem auch in der römisch-katholischen Kirche befinden und sich gern zu uns wenden würden. Aber sie erkennen diese Greuel auch. (Dabei befinden sich in der äußerlichen römischen Kirche, so unglaublich es auch erscheint, eine Zahl von Menschen, die wahrhaftig den Papst und seinen Stuhl für den von Gott verkündigten Antichristen halten und zuweilen darüber in wehmütige Klagen ausbrechen.) Sie wären durchaus willig, weil sie Irrtümer und Greuel in ihrer Kirche sehen, sich mit Freuden einer rechten, ‖ offenbar christlichen Gemeinde einzuverleiben. So aber gelangen sie zu dem Schluß, es gäbe auf Erden keine reine Kirche, die Kinder Gottes lägen noch in Babylon gefangen und sie müßten mit Geduld die göttliche Erlösung erwarten und in solcher babylonischer Gefangenschaft mit Furcht und Zittern und Seufzen und Vermeidung der gröbsten Mißbräuche Gott dienen.
Sie sehen kein anderes Mittel und leben also in steter Angst und Unruhe ihres Herzens. Und sie halten unsere Kirche so wenig wie ihre eigene für die wahre Kirche, sondern alles für ein babylonisches Mischmasch, da keine der anderen viel voraus habe und es nicht wert sei, von der einen zur anderen zu gehen. Denn sie können unsere Kirche nicht anders sehen, als wie sie in die Augen fällt. Vielen ist ja unsere Lehre nicht bekannt. Wem sie aber bekannt ist, der stößt sich an

dem Leben, das sich nicht danach richtet. Sie halten dann die Lehre für einen bloßen Vorwand, denn das Reich Gottes besteht nicht in Worten, sondern in der Kraft. Das wollen sie sehen.

Wir entschuldigen damit nicht die Zögernden

Es ist zwar so, daß wir solche Leute nicht entschuldigen können. Sie können genug Gelegenheit haben, die Lehre unserer Kirche zu fassen, um festzustellen, daß sie mit Gottes Wort übereinstimmt, während ihre Kirche dagegen streitet. Sie wären dann in ihrem Gewissen gebunden und verpflichtet, sich doch der wenigstens in der Lehre reinen Kirche zuzugesellen. Denn hier können sie sich nach dem göttlichen Zuspruch (Jesaja 55) versichern, auch wahre, fromme Kinder Gottes anzutreffen. Und sie müßten mit ihrem Bekenntnis nicht dem Irrtum beipflichten oder ihn tun. Sie machten sich auch im Gottesdienst keiner Abgötterei oder anderer dergleichen Sünden teilhaftig. Und ob sie auch viele Ärgernisse vor sich sehen müßten, könnten sie sich dennoch rein erhalten.

Es geht also zu weit, wenn man wegen dieser Ärgernisse unsere Kirche mit zu Babylon zählen will. Was das geistliche Babel sei, haben wir von niemandem anderen zu lernen als vom Heiligen Geist. Nun hat derselbe (Offenbarung 18,5.9.18) durch die Feder des Johannes sie so beschrieben, daß man sie selbst mit halb geschlossenen Augen finden sollte: Sie kann nichts anders sein als *Rom*, die große Stadt, die das Reich hatte über Könige auf Erden, und zwar mit ihrem geistlichen Regiment. Nachdem sie das weltliche Regiment über den Erdkreis verloren hat, suchet sie es im || geistlichen. Wir haben keine Macht, das geistliche Babel nach eigenem Gutbefinden festzulegen, nur durch die Anleitung der Schrift ist es möglich.

Wir danken für die Befreiung aus der babylonischen Gefangenschaft durch die Reformation

Es kann demnach keine Gemeinde zu Babel gehören, die Babel und dessen Regiment öffentlich verwirft und ihm nicht im geringsten zu willen ist, noch sich von ihm regieren läßt, mag sie auch selbst Mängel und etwas von den in Babel angenommenen bösen Sitten an sich haben. Wir können Gott nicht genugsam danken für seine Wohltat, daß er uns durch das selige Reformationswerk aus dem römisch-babylonischen Gefängnis herausgeführt und in die selige Freiheit gesetzt hat. (Wie einst die Juden durch das Edikt des Cyrus unter dem Hohenpriester Josua und dem Fürsten Serubabel.) Wie es aber den alten Juden, so ist es fast mit uns auch ergangen. Es waren die Juden zwar wieder heimgekommen, sie hatten Stadt und Land inne, man fing zu bauen an und es wurde im zweiten Jahr der Grund des Hauses Gottes gelegt. Aber es gab Widerwärtige, die ihnen im Weg standen und von dem König Artahsasta einen widrigen Befehl erlangten, daß das Werk unterbleiben mußte bis in das zweite Jahr des Königs Darius. Dazu kam die große Nachlässigkeit der Juden, die damit zufrieden waren, daß sie aus Babel erlöst waren und ihren Gottesdienst einigermaßen wieder haben konnten. Sie waren nicht eifrig, ihn in den vorigen rechten Stand zu bringen. Sie haben ihren zeitlichen Frieden und ihre Ruhe gepflegt. So läßt ihnen der Herr auch durch Haggai zurufen, (Kapitel 1,2.4), weil sie sagten: *Die Zeit ist noch nicht da, daß man des Herrn Haus baue: Aber eure Zeit ist da, daß ihr in getäfelten Häusern wohnt und dies Haus muß wüste stehen.* Da waren die Juden zwar außerhalb des Gefängnisses, aber ihr Zustand in geistlicher und weltlicher Beziehung war noch gar nicht, wie er sein sollte.

Es ist mit der evangelischen Kirche wie mit den Juden nach der Rückkehr aus Babylon

Es klebte an ihnen noch die ganze Geringschätzung des Hauses Gottes, an die sie sich in Babel gewöhnt hatten. Es hat nach der Rückkehr vielleicht im Geistlichen gar nicht viel besser gestanden als im Gefängnis. Bis endlich durch ernsthaftes Zusprechen des Haggai und Sacharia, der Propheten, unter der Aufsicht Serubabels und Josuas der Tempel vollendet wurde. Gleichwohl war damit noch nicht alles getan, was geschehen sollte, noch wieder aufgerichtet, was der König von Babel vorher zerstört hatte. Es mußte erst Esra, der Schriftgelehrte, und eine gute Zeit nach ihm Nehemia kommen, die zur Einrichtung des Kirchenwesens und zur Wiederaufrichtung der Stadtmauern und der politischen Verfassung vieles taten. Das kann man bei || Esra und Nehemia nachlesen. Es läßt sich da vieles finden, was auf unsere Zeit paßt. So können wir aus der Tatsache, daß lange Zeit das jüdische Wesen in Jerusalem nicht in dem Stande war, wie es hätte sein sollen, doch nicht den Schluß ziehen, daß sie darum noch im babylonischen Gefängnis verblieben wären. Ebensowenig darf man folgern, wir seien im babylonischen Gefängnis verblieben, wenn wir um des mangelhaften Zustandes [unserer Kirche] willen nun wieder nach Babel verwiesen werden durch jene, die gegen die göttliche Wohltat [in der Reformation] undankbar sind.

Wir verharren aber nicht in unnützen Klagen

Den Juden sollte es freilich nicht genug sein, daß sie aus Babylon hatten ausgehen können. Sie sollten danach trachten, das Haus des Herrn und seine schönen Gottesdienste wieder aufzurichten. Wir sollen darum auch nicht dabei stehenbleiben, daß wir wissen, wir sind aus Babel [= römische Kirche] gegangen. Wir müssen vielmehr sorgfältig darauf aus sein, die noch vorhandenen Mängel auszubessern.

Dahin zielen doch die Klagen gottseliger Menschen, die unseren elenden Zustand beseufzen, daß wir uns untereinander ermuntern und das Werk des Herrn ernstlicher getriebe werde, als es bisher etwa geschah. Damit beantworten wir die Einrede gewisser Leute, die meinen, wir sollten solche Fehler und Schande unserer Kirche nicht aufdecken. Unseren Widersachern blieben sie dann verborgen, sie würden ihrer nicht gewahr werden. [...] Doch gehen die Klagen gottseliger Gemüter, wie der Herzenskündiger selbst sieht, aus gar keiner anderen Absicht oder Trieb als aus inniger Liebe und Eifer für Gottes Ehre hervor. Wir beseufzen, was wider Gottes Ehre streitet und tragen Verlangen, ob dieser oder jener nicht bewogen werden möchte, sich der Sache ernstlicher anzunehmen. Es ist ja nur Liebe, wenn ich gefährliche Schäden aufdecke, um sie denen zu zeigen, die sie heilen sollen.

So decken wir nichts auf, was nicht leider ohnehin vor Augen liegt. Der heimlichen Gebrechen dieses oder jenes gedenken wir nicht. Vor den Widersachern sie bedecken zu wollen, ist vergebens. Meinen wir, man sollte die Schäden der Widersacher wegen geheim halten? Dann müßten wir uns selbst schmeicheln, als ob wir sie schärfer sehen würden als diese. Der Feind hat Luchsaugen und sieht manches, was der andere an sich selbst nicht || wahrnimmt. Wir gewinnen nichts damit, wenn wir zu verhehlen suchen, was jene längst gesehen haben. Es wird uns alles viel mehr vorgehalten werden, wenn wir es gar noch verteidigen wollten. Wo wir aber die Fehler erkennen und ein herzliches Mißfallen daran bezeugen, wird ja viel kundbarer, daß nicht die ganze Kirche daran schuld ist.

Von der katholischen Kirche haben wir einen großen Teil unserer Fehler geerbt

Ohne Vorbehalt zeigen wir solche Gebrechen. Auf andere Weise können wir nicht nachweisen, daß sie nicht aus der Religion fließen, als sei auch das ganze Herz vergiftet (wie die Gegenseite meint). Der Schaden steckt allein in den Gliedern und ist äußerlich. So hat sonderlich die römische Kirche kein Recht, unsere äußerlichen Gebrechen, die wir ja bekennen, zu ihrem Vorteil zu mißbrauchen. [...] Ja, wir können der römischen Kirche einen großen Teil der Fehler, die sich bei uns noch finden, mit gutem Recht zuweisen. Sie sind von ihr ererbt und sind auf gleiche oder andere und noch viel gröbere Art bei ihnen vorhanden.

Unterdessen sollen sowohl Gottes Ehre wie die Liebe zur Kirche uns dazu treiben, sie zu bessern, das Verlagen frommer Herzen zu erfüllen und den Irrenden die Pforte zur Erkenntnis der Wahrheit noch weiter zu öffnen. Dazu ist es nötig, noch sorgfältiger alle diese Gebrechen zu erwägen und, da sie von den Widersachern auch ohne unsere Hinweise von selbst genugsam gesehen werden, nicht die Augen zu unserem eigenen Schaden zu verschließen. Denn wer hier des Herrn ist, der muß auch, so gut er kann, die Hand mit anlegen. Es ist eine Sache, die uns alle angeht.

II. Die Verheißung Gottes für die Zukunft der Kirche

Was hat Gott uns für die Zukunft der Kirche verheißen?
Einen besseren Zustand - die Heimkehr Israels!

Sehen wir in die Heilige Schrift, so haben wir nicht zu zweifeln, daß Gott noch einen besseren Zustand seiner Kirche hier auf Erden versprochen hat. Wir haben 1. die herrliche Weissagung von Paulus und das von ihm geoffenbarte Geheimnis (Römer 11,25.26): *Nachdem die Fülle der Heiden eingegangen ist, soll ganz Israel selig werden;* daß also, wenn eben nicht das ganze Israel, gleichwohl ein großer Teil der bis dahin noch so verstockt gewesenen Juden zu dem Herrn bekehrt werden soll. Worauf auch, wenn sie recht untersucht werden, vielerorts ‖ die Propheten im Alten Testament (Hosea 3,4.5 usw.) hinweisen. Wie denn nächst den Kirchenvätern auch die wichtigsten unserer Kirchenlehrer dieses Geheimnis von jener apostolischen Stelle her bekannt haben. Wir verbergen freilich nicht, daß neben unserem sonst werten Lehrer D. Martin Luther verschiedene der Unsrigen, auch vornehme Doktoren, in Zweifel haben ziehen wollen, daß Paulus ungeachtet des Wortlautes das gemeint habe. Sie sind der Ansicht, daß diese Verheißung schon mit den von den Aposteln bis jetzt bekehrten Juden zur Genüge erfüllt sei. Wir wollen uns dem nicht weitläufig widersetzen. Wir wollen diese Meinung auch nicht tadeln (wohl wissend, daß ehe die Prophezeiung erfüllt ist, es leicht geschehen kann, daß auch erleuchteten Leuten das rechte Verstehen einer Weissagung mangelt). Doch können wir uns von dem Buchstaben, mit dem die ganze Absicht des paulinischen Kontextes [d.h. im Zusammenhang des ganzen Textes] lieblich zusammenstimmt, auch nicht abbringen lassen. Wir hoffen auch nicht, daß uns jemand solches verargen könne.

Der zu erwartende tiefere Fall des päpstlichen Roms

Zudem haben wir noch einen größeren Fall des päpstlichen Roms zu erwarten. Denn ob ihm schon ein merklicher Stoß von unserem Herrn

Luther gegeben worden ist, so ist doch seine geistliche Gewalt noch viel zu groß, als daß wir sagen könnten, daß die Weissagung (Offenbarung Kapitel 18 und 19) ganz erfüllt sei, wenn man betrachtet, mit welch nachdrücklichen Worten an dieser Stelle das von dem Heiligen Geiste beschrieben wird.

Die einmal aus Juden und Heiden gesammelte Kirche

Erfolgen nun diese beiden Stücke, so sehe ich nicht ein, wie daran gezweifelt werden könne, daß die gesamte wahre Kirche werde in einen viel seligeren und herrlicheren Stand gesetzt werden, als sie jetzt ist. Denn wenn die Juden bekehrt werden sollen, dann muß entweder die wahre Kirche bereits in einem heiligeren Stande stehen als sie jetzt ist, so daß deren heiliger Wandel zugleich ein Mittel jener Bekehrung werde; zumindest muß das Hindernis dieser Bekehrung, das - wie wir oben gesehen haben - durch die bisherigen Ärgernisse mitverursacht wurde, weggeräumt sein. Oder, wenn Gott || durch seine Kraft sie bekehrt, auf eine Art, die wir noch nicht voraussehen können, dann ist zu bedenken, daß das Beispiel eines solchen neubekehrten Volkes eine merkliche Änderung und Besserung bei unserer Kirche nach sich ziehen wird (weil ohne Zweifel eben der Eifer sich zeigen wird, der bei den ersten aus den Heiden bekehrten Christen zu sehen gewesen ist). So ist also zu hoffen, daß mit heiligem Eifer - gleichsam um die Wette - die gesamte aus Juden und Heiden versammelte Kirche Gott in einem Glauben und dessen reichen Früchten dienen und sich aneinander erbauen werde.

Dazu wird entscheidend beitragen, wenn zudem das Ärgernis des antichristlichen Roms abgetan sein wird und wenn diejenigen, die jetzt unter dieser schweren Tyrannei leben und sich nach der Erlösung sehnen, ohne zu wissen, wohin sie sich wenden sollen, - wie es vordem vor Luther gewesen war - (von denen es hier und da einige sonderlich in Klöstern gibt), frei sein werden von ihren Banden, und mit Freuden zu der Freiheit des Evangeliums hingeführt werden, das in ihren Augen heller leuchten wird.

Wenn nun solches uns von Gott verheißen ist, so muß notwendig auch die Erfüllung zu ihrer Zeit erfolgen. Denn nicht ein Wort des Herrn soll auf die Erde fallen oder ohne Erfüllung bleiben. Wir hoffen auf solche Erfüllung. Und doch ist es nicht genug, bis dahin nur zu warten und - mit jenen, die Salomo Narren heißt - über dem Wünschen zu sterben. Vielmehr dürfen wir nicht versäumen, soviel zum Werk der Bekehrung der Juden und zur geistlichen Schwächung des Papsttums, aber auch zur Besserung unserer Kirche beizutragen, als uns möglich ist. Auch wenn wir sehen sollten, daß wir dieses Ziel nicht völlig und ganz erreichen können.

Das in der Schrift Vorausgesagte wird sich erfüllen

Es besteht kein Zweifel, daß auch ohne uns, wir mögen uns dazu schicken, wie wir wollen, sich göttlicher Ratschluß verwirklicht. Das in der Schrift Offenbarte wird sich erfüllen. Doch sollen wir daran denken, was Mardochai seiner Base Esther sagen läßt (Esther 4,14): *Wenn du zu dieser Zeit schweigen wirst, so wird eine Hilfe und Errettung von einem anderen Ort her den Juden entstehen und du und deines Vaters Haus, ihr werdet umkommen.* Solches gilt auch uns. Wenn wir, denen Gott durch den Dienst Luthers das helle ‖ Licht des Evangeliums wieder geschenkt hat, säumig sind, das zu tun, was unseres Amtes ist, so wird Gott anderweitig Hilfe schaffen und seine Ehre retten. Das aber geschieht nicht ohne schwere Strafe über unsere Nachlässigkeit, da wir ohnedies durch große Undankbarkeit tausendmal verdient haben, daß Gott dieses Licht von uns nehme und damit zu anderen gehe.

Ich kann es nicht unterlassen, hier eine sehnliche Klage des vortrefflichen und vor vielen anderen im Blick auf die Wohlfahrt der Kirche verständigen Theologen Erasmus Sarcerius einzufügen, die er in seinem Buch »Von Mitteln und Wegen, die rechte und wahre Religion zu befördern und zu erhalten« (S. 344. a. u. b), ausspricht: *Wo Gottes Wort fällt, da fällt zugleich die ganze rechte und wahre Religion. Wo die fällt, da kann und mag niemand selig werden. Will man unsere Sünden, unser ruchloses, gottloses, der Schande sicheres und bübisches Leben, ja Frevel und Mutwillen, mit der Juden und unserer Vorfahren Missetaten vergleichen, so glaube ich, wir werden dann nicht weit voneinander sein. Das ist meine Überzeugung, daß die*

rechte und wahre Religion bei unserem teuflischen, epikuräischen und sardanapalischen [wüsten und unordentlichen] *Leben nicht bei uns bestehen kann.*
Ist das nicht ein Jammer, daß wir blinden und verstockten Deutschen die rechte und wahre Religion durch unseren Unverstand, durch unordentliches Leben verjagen? Niemand denkt daran, sich zu bessern. Sündigen ist etwas Menschliches. Doch der Teufel selbst will nicht leiden, daß man Sünde straft. Denn dort ist noch eine große Hoffnung vorhanden, wo man sündigt, aber doch willig ist, die Strafe dafür zu erleiden. Daraus muß ich schließen, es sei mit der rechten und wahren Religion in diesem Fall am besten gewesen. Ich fürchte leider, daß das Evangelium noch gepredigt wird, geschieht mehr zum Zeugnis über uns, als zur Besserung. Wie denn auch Christus gesagt hat || *(Matthäus 24,14): Das Evangelium wird in den letzten Tagen (denn von diesen letzten Zeiten redet er) gepredigt werden zum Zeugnis.*
Und soll es noch dahin gelangen, wie Christus weiter weissagt (wann der Sohn des Menschen kommen wird, ob er auch einen Glauben auf Erden finden wird? [Lukas 18,8])*, dann wird es so zugehen, daß niemand auf Zucht und Disziplin achtet. Es geschieht dann - Gott erbarm - daß ein jeder uns arme Prediger lehren und schreien läßt: Tut Buße und bekehrt euch. Und doch tut gleichwohl ein jeder, was er will. Die Obrigkeit tut nichts für die Disziplin, die Untertanen wollen sie nicht. Etliche treue Prediger wollen sie gern aufrichten, aber es ist ihnen bei einem solchen zerrütteten und ruchlosen Leben nicht möglich. Noch müssen sie das Beste versuchen und darum die Sache nicht verloren geben. Es helfe dann, bei wem es wolle. Nun, wie uns die rechte und wahre Religion angelegen ist, so suchen wir auch Mittel und Wege, sie zu behalten. Ich weiß keinen Rat, und ob ich ihn wüßte, so folget niemand nach. Ich muß vor meinen Augen sehen und vielleicht auch noch erleben (was ich doch nicht begehre), daß die liebe Religion muß aus Ungnade Gottes wegen unserer Sünden und Missetat wieder dahin und zu Boden gehen, wie sie aus Gottes Gnaden zu uns gekommen ist.*
Hat dieser liebe Mann schon vor mehr als hundert Jahren diese Sorge haben müssen, so haben wir, bei denen nichts gebessert worden ist, uns nicht weniger zu fürchten, weil der Zorn immer mehr und mehr aufgehäuft worden ist: Ob nicht wir verlassen und andere bekehrt werden? Wir haben genug Ursache, uns nicht sicher zu fühlen, sondern

auf uns selbst acht zu geben und nichts zu versäumen, damit doch unsere Kirche in einen anderen und besseren Stand gebracht werden möchte.

Die christliche Vollkommenheit und was darunter zu verstehen ist

Hier darf niemand meinen, wir beabsichtigten und forderten zuviel. Wir lebten doch nicht in republica Platonica [in einem utopischen Staat] und es sei nicht möglich, alles in solcher Vollkommenheit und nach der Regel zu haben. Daher sei die böse Beschaffenheit der Zeit mehr mit Erbarmung zu tragen als mit Unwillen zu beklagen. Wenn man die Vollkommenheit suchen wolle, müsse man aus diesem Leben in jenes gehen. Dort erst würde man etwas Vollkommenes antreffen, eher aber sei nichts zu hoffen.

Denen, die das einwenden, antworte ich. Zum einen: es ist nicht verboten, die Vollkommenheit zu suchen, im Gegenteil, wir werden dazu angetrieben. Und wäre nicht zu ∥ wünschen, daß wir sie erlangten? Doch andererseits gestehe ich gern, daß wir es hier in diesem Leben nicht dazu bringen werden. Je weiter ein Christ kommt, um so mehr sieht er, was ihm mangelt. Er wird von der Einbildung der Vollkommenheit also dann am weitesten entfernt sein, wenn er sich derselben am meisten befleißigt. Wir sehen doch auch, daß im allgemeinen diejenigen, die in ihren Studien am weitesten gekommen sind, sich viel weniger für gelehrt halten als andere, die erst ein halbes Jahr angefangen haben, in die Bücher zu blicken. Jene erkennen je länger je mehr, was zu der wahren Gelehrsamkeit gehört. Das haben sie vorher noch nicht verstanden. Man hat sich also viel mehr um die Anfänger zu sorgen, die glauben, vollkommen zu sein, als um die anderen, die sich um Gelehrsamkeit schon ziemlich bemüht haben. Gewiß werden wir es in diesem Leben nimmermehr zu demjenigen Grad der Vollkommenheit bringen, daß nichts mehr hinzugetan werden könnte. Und doch sind wir verpflichtet, es zu einem gewissen Grad der Vollkommenheit zu bringen.

Es gilt für jeden Christen, was Paulus sagt (2.Korinther 13,11): *Zuletzt, liebe Brüder, freuet euch, seid vollkommen,* und (Vers 9): *dasselbe wünschen wir auch euch, nämlich eure Vollkommenheit;* (Kolosser 1,28): *Wir verkündigen und ermahnen alle Menschen und lehren alle Menschen mit aller Weisheit, auf daß wir darstellen einen jeglichen Menschen vollkommen in Christo Jesu;* (2.Timotheus 3,17): *Daß ein Mensch Gottes sei vollkommen, zu allem guten Werk geschickt*; (Philipper 3,15): *Wie viele nun unser vollkommen sind, die lasset uns also gesinnet sein* (obwohl Paulus von einem höheren und hier unmöglichen Grad vorher, Vers 12, sagt: *Nicht daß ich's schon ergriffen habe oder vollkommen sei*). Also mögen auch wir sagen, daß es der ganzen Kirche gelte, daß sie mehr und mehr vollkommen werde und bei allen, also auch bei jedem einzelnen wahr werden sollte, was ebenfalls Paulus spricht (Epheser 4,13): *Daß wir alle hingelangen zu einerlei Glauben und Erkenntnis des Sohnes Gottes und ein vollkommener Mann werden, der da sei in dem Maß des vollkommenen Alters Christi.*

Wir erweitern aber diese Vollkommenheit, die wir von der Kirche verlangen, nicht dahin, daß kein einziger Heuchler mehr in ihr sei. Wir wissen gar wohl, daß der Weizenacker niemals so rein angetroffen wird, daß sich nicht einiges Unkraut auf demselben befinde. Aber das meinen wir, daß die Kirche von offenbaren Ärgernissen frei sei und kein damit Behafteter ohne ‖ gebührende Ahndung - und letztlich Ausschließung - darinnen gelassen werde, und daß die wahren Glieder derselben mit vielen Früchten reichlich erfüllt werden. Und zwar so, daß das Unkraut nicht mehr den Weizen bedecke und unsichtbar mache, wie es jetzt leider so oft geschieht, sondern daß umgekehrt das Unkraut vom Weizen bedeckt werde, so daß man jenes nicht besonders wahrnimmt.

Das Beispiel der Kirche in den ersten Jahrhunderten

Wollte man auch dieses für unmöglich halten, so führe ich ein Beispiel an: die erste christliche Kirche. Was dort möglich gewesen ist, kann nicht gänzlich unmöglich sein. Es bezeugen die Kirchenhistorien, daß die erste christliche Kirche in solchem seligen Zustand gewesen ist, daß man die Christen insgemein an ihrem gottseligen Leben erkannt und von anderen Leuten unterschieden habe.

Denn so spricht Tertullian (ad nat. I,4): [...] *Was ist's, was wir vor anderen zum Kennzeichen an uns sehen lassen, wenn nicht die höchste Weisheit, indem wir eitle Werke des menschlichen Herzens nicht anbeten, die Genügsamkeit, indem wir anderen nicht nach dem Ihrigen trachten, die Zucht, die wir auch nicht gern mit den Augen verletzen, die Barmherzigkeit, mit der wir uns zu den Bedürftigen wenden, die Wahrheit selbst, die andere nicht leiden mögen, die Freiheit, für welche wir auch gern sterben. Wer wissen will, was Christen sind, der muß sie an solchen Merkmalen erkennen.* Wie wohl stand es damals! Ja, auch wie herrlich war es, wenn der liebe alte Ignatius (ad Eph. XIV,2) sagen konnte, daß, *welche sich zu Christus bekannten, nicht nur aus dem, was sie sagten, sondern auch was sie taten, erkannt wurden.* [...] Wie stattlich lautet es, wenn Eusebius (Kirchengeschichte IV,7,13) sagen kann, *es sei zwar sonderlich durch der Ketzer böses Leben die christliche Kirche bei den Heiden in bösen Ruf gekommen.* [...] *Aber* ‖ *die allgemeine Kirche, die allein die wahre und allezeit einerlei Art und Sinnes ist, sei stetig gewachsen und habe zugenommen, so daß sie mit Ehrbarkeit, Redlichkeit, Freimütigkeit, Zucht, Reinigkeit des göttlichen Lebens und Weisheit allen, sowohl Griechen als auch Barbaren, in die Augen geleuchtet habe.*

Von ihrer sittlichen Größe

Welche große Ehre bedeutete es, daß der schon zitierte Tertullian (ad Scap. c.4) auch gegen einen Feind und Landpfleger sich nicht scheute, im Namen der gesamten Kirche zu rühmen: [...] *Das Vertraute verleugnen wir nicht, niemandem verletzen wir seine Ehe, mit den Waisen gehen wir gottesfürchtig um, die Mangel leiden, laben wir, niemandem vergelten wir Böses mit Bösem.*

So erwähnt auch Justin (Apol. II), daß einige bekehrt worden sind durch die Redlichkeit und Gerechtigkeit der Christen in ihren Taten. Welch schönes Lob war es über die christlichen Frauen, daß Tatian (or. ad. Graec. 33,2), als er den Heiden ihre Hurerei vorgeworfen hatte, sagen konnte: [...] *Denn alle Frauen sind bei uns züchtig.* So rühmt Origenes [contra Celsum I,67], *daß die Lehre Jesu bei allen eine bewundernswürdige Sanftmut, Ehrbarkeit, Freundlichkeit, Gütigkeit, Versöhnlichkeit bewirkt habe, die nicht wegen der Sorge dieses Lebens und anderer menschlicher Bedürfnisse, sondern von Herzen die Predigt von Gott, Christus und dem künftigen Gericht aufgenommen haben.*

Daher examinierten die frühen Christen auch so sorgfältig vorher das Leben derjenigen, die sich zu ihnen begaben und stellten sie auf die Probe, ehe sie diese in die Kirche aufnahmen. Sie wollten erst sehen, daß sie ihr Leben würdig nach der Berufung, dazu sie berufen worden sind, führen würden. Das bezeugt Origenes (contra Celsum III,51).

Von ihrer Kirchenzucht

War dann doch jemand, der ein Ärgernis beging, so wurde mit solchem Ernst gegen ihn verfahren, daß man sich wundern muß, wie es zu einer Zeit, in der die Christen die Obrigkeit nicht auf ihrer Seite hatten, möglich gewesen ist, eine solch strenge Zucht und Disziplin unter sich festzuhalten. Die begangenen Fehler wurden von den Kirchenältesten, in deren Versammlungen ‖ der Bischof regierte, vorgenommen, erwogen und beurteilt, auch die Verbrecher nach Erwägung der Angelegenheit von der Gemeinde ausgeschlossen. Sie wurden auch erst nach zureichender Zusicherung der Besserung wieder aufgenommen. Damit bezeugte die Kirche, daß sie die Sünde ihrer Glieder nicht billigte, zugleich andere von gleichen Sünden abschreckte und die Gefallenen besserte. Sie erkannten darum als Mitbrüder nur die an, die danach lebten. So sagt Justinus [Apol. XVI,8]: *Wenn man welche antrifft, die nicht so leben wie Christus lehrt, so erweist sich das als ein klares Zeugnis dafür, daß sie keine Christen sind, auch wenn sie Christi Lehre mit der Zunge bekennen.* Ausdrücklich wendet er sich an die Kaiser, sie mögen durchaus auch diese, die nicht ein ihres Meisters gemäßes Leben führen und sich nur Christen nennen lassen, [bei Straffälligkeit den Gesetzen entsprechend] bestrafen.

Daher bekennt selbst Plinius, der Heide, in seinem bekannten Brief (10,96) an den Kaiser Trajan, daß er vergeblich einige Christen habe foltern lassen. Er habe nichts in Erfahrung bringen können an Lastern bei ihnen, außer daß sie sich ihrer von den Römern verworfenen Religion schuldig gemacht haben. Dieses Bekenntnis eines öffentlichen Gegners und dazu Richters ist von nicht geringer Wichtigkeit.

Ihre leuchtende Liebe zu Gott und untereinander

Liest man die außergewöhnlichen Beispiele herrlicher Tugenden, die an diesen und jenen hervorleuchteten, so kann man dadurch nur im Innersten bewegt werden. Was war das für eine herzliche Liebe zu Gott, daß sie sich zum Zeugnis dafür zu den grausamsten Martern mehr eilten, als sich durch sie abschrecken zu lassen, wenn es um das Bekenntnis zu ihrem Heiland ging! Wie innig war die Liebe untereinander, da sie sich nicht nur mit dem lieben Namen »Brüder« und »Schwestern« anredeten, sondern auch recht brüderlich untereinander lebten. So war auch, wo es Not tat, jeder stets bereit, für den anderen zu sterben.
Wer Verlangen hat, von diesen Tatsachen und den hervorstechenden Tugenden der ersten Christen einige Zeugnisse nachzulesen, den weise ich auf die Schriften meines hochgelehrten Lehrers, des seligen D. Joh. Conrad Dannhauer, [...] und meines sehr werten Freundes, meines einst zu Straßburg gewesenen Kommilitonen und nachmaligen Kollegen D. Baltasar || Bebel. [...]

Der Zustand der christlichen Kirche in jener Zeit macht nicht nur unser kaltes und laues Wesen ganz zuschanden, sondern er zeigt zugleich, daß das, was wir fordern, nicht unmöglich ist, auch wenn viele das meinen. Es ist darum unsere Schuld, wenn ein solches Lob so fern von uns ist. Denn es ist ja der Heilige Geist, der vormals in diesen ersten Christen alles gewirkt hat. Er ist uns ja von Gott geschenkt und ist heutzutage weder säumiger noch unvermögender, das Werk der Heiligung in uns zu verrichten. So kann die Ursache allein die sein, daß wir ihm solches nicht bei uns zulassen, sondern ihn selbst hindern. Wir befassen uns also nicht vergeblich damit, wie die Sache in einen besseren Stand gebracht werden könnte.

III. Die Vorschläge Speners zur Reform der Kirche

Klüger als andere bin ich nicht mit meinen Vorschlägen

Nun erkenne ich gern meine Wenigkeit an, daß ich mich weder vermesse noch mir einbilde, daß ich vor anderen Dienern Gottes klüger bin in meinen Ratschlägen, wie diesem allgemeinen Übel abzuhelfen wäre. Sondern ich finde täglich bei mir, was mir selbst mangelt. Darum wünsche ich von Grund meiner Seele, daß wie der eine oder andere ja bereits getan hat, begabtere und mit mehr Licht, Verstand und Erfahrung ausgerüstete Männer sich der Sache mit Eifer annehmen, die Sachlage in der Furcht des Herrn bedenken und was sie etwa zu raten für notwendig befinden, der gesamten christlichen evangelischen Kirche vorlegen; daß sie sodann auf Mittel und Wege bedacht sein mögen, wie durch Gottes Gnade heilsame Ratschläge, die man gefunden hat, auch heilsam in die Tat umgesetzt werden können. Denn sonst ist alles Beratschlagen ein vergebliches Tun.
Diese Sache geht uns alle an, alle Christen, vor allem aber die, die der Herr zu Wächtern an den verschiedenen Orten der Kirche eingesetzt hat. Sie alle sind verpflichtet, auf den jeweiligen Zustand der Kirche zu sehen und wie ihr zu helfen sei. Denn die Kirche ist doch ein solcher Leib, der an allen Orten einerlei Natur hat. Wenn er auch nicht überall mit der einen Krankheit behaftet ist, so ist er dieser Gefahr doch stetig unterworfen. So wird jeder, der bei seiner || Gemeinde fleißig untersucht und erkannt hat, was zu ihrer Besserung dienlich ist, auch erkennen, wie anderen Gemeinden (bei Berücksichtigung der verschiedenen Umstände) ebenfalls zu helfen sei.

Uns allen ist die Sorge für unsere Kirche auferlegt

Dazu aber ist, ohne daß es großer Erörterung bedarf, jeder Prediger verpflichtet. Darum habe ich mich auch erkühnt - nachdem ich bisher nach dem Vermögen, das Gott verliehen, achtgegeben habe, wie die Mängel der mir und meinen geliebten Amtsbrüdern anvertrauten hiesi-

gen Gemeinde gebessert und die Gemeinde mehr erbaut werden könne -, dasjenige, was ich im Nachdenken vor Gott und unter Anleitung der Heiligen Schrift für nützlich und notwendig erachte, hier nun zu Papier zu bringen. Es ist mein Wunsch, daß es anderen, mehr erleuchteten und qualifizierteren Männern wenigstens ein Anlaß werden möchte, auch an ihrem Ort über dieses wichtige Werk weiter nachzudenken und was an diesen Vorschlägen mangelhaft ist zu ergänzen. Auch sollen sie, wo sie diese Vorschläge nicht für tunlich befinden, bessere an die Hand geben. Ich bin durchaus willig, zu weichen, wo man [...] Besseres und Zuträglicheres zeigen wird, was zur Erbauung dient. Ich werde für einen besseren Bericht nur Dank sagen. Denn das alles ist ja nicht unsere, sondern Gottes Sache. So steht es ihm frei, auch durch unscheinbare und vor der Welt verachtete Mittelpersonen solche Dinge vorzutragen, die er zu segnen beschlossen hat.
In diesem Vertrauen und mit der Bereitschaft, mich willig allen zu unterwerfen, die der Kirche Bestes besser kennen als ich, gebe ich meine Gedanken in dieser Sache kund. Daß nur unserer gesamten Kirche (ebenso verhält es sich mit einem jeglichen Teil derselben) unter anderem auf folgende Weise mittels göttlicher Gnade geholfen und sie wiederum in einen herrlicheren Zustand gebracht werden möge, darum geht es. (Dabei führe ich nicht alle Mittel hier an; z.B. die Aufrichtung der Kirchenzucht: Die hat - denn es handelt sich hier um eine Sache von höchster Wichtigkeit - der teure und eifrige Theologe Johann Saubert in seinem nie genug zu lobenden »Zuchtbüchlein« zur Genüge behandelt; ebenso die Erziehung der Jugend und dergleichen.)

1. Das Wort Gottes ist reichlicher unter uns zu bringen

Wir müssen darauf bedacht sein, *das Wort Gottes reichlicher unter uns zu bringen*. Wir wissen, daß wir von Natur aus nichts Gutes an uns haben, sondern soll etwas an uns sein, so muß es von Gott in uns gewirkt werden. Dazu ist das Wort das kräftige Mittel, denn der Glaube muß aus dem Evangelium entzündet werden. Das Gesetz aber dient als Regel der guten Werke und gibt viel herrlichen Antrieb, denselben ‖

nachzujagen. Je reichlicher also das Wort Gottes unter uns wohnen wird, je mehr werden wir den Glauben und dessen Früchte zuwege bringen.
Nun mag es zwar scheinen, als ob das Wort Gottes reichlich genug unter uns wohne. An verschiedenen Orten (und zwar auch in hiesiger Stadt) wird es täglich - anderwärts gleichwohl öfters - von der Kanzel gepredigt. Wenn wir aber über die Sache reiflich nachdenken, werden wir auch bei diesem Stück vieles finden, das noch zusätzlich nötig ist. Ich verwerfe durchaus nicht die Predigten, die gehalten werden, wo man aus einem gewissen vorgelegten Text und dessen Erklärung die christliche Gemeinde unterrichtet. So trage ich selbst meine Predigten auch vor. Aber ich finde nicht, daß dies genug sei.

Der Predigtgottesdienst allein genügt nicht, um die Heilige Schrift bekannt zu machen

Erstens wissen wir, daß alle Schrift von Gott eingegeben ist, nützlich zur Lehre, zur Zurechtweisung, zur Besserung, zur Erziehung in der Gerechtigkeit (2.Timotheus 3,16). Daher sollte alle Schrift ohne Ausnahme der Gemeinde bekannt sein [d.h. nicht nur die vorgeschriebenen Predigttexte des Kirchenjahres, die sich immer wiederholen], um den nötigen Nutzen zu haben. Denn wenn man alle die Texte, die in vielen Jahren nacheinander an einem Ort der Gemeinde vorgetragen werden, zusammennimmt, so wird es nur ein recht geringer Teil der uns vorliegenden Heiligen Schrift sein. Das übrige hört die Gemeinde gar nicht oder nur den einen oder anderen Spruch oder sonstige Vergleichstellen, die für die Predigt herangezogen werden. Aber einen Einblick in den großen Zusammenhang, auf den ja sehr viel ankommt, kann sie nicht bekommen.
Zweitens haben die Leute wenig Gelegenheit, den Sinn der Schrift anders zu fassen als nach den Texten, die ihnen ausgelegt werden. Noch weniger Gelegenheit finden sie, sich darin so viel zu üben, wie die Erbauung erfordert. Gewiß lesen einige zu Hause die Bibel, was an sich herrlich und löblich ist. Aber das ist doch nicht genug für alle.
Daher ist zu überlegen, ob nicht der Kirche wohl geraten wäre, wenn neben den gewöhnlichen Predigten über die verordneten Texte auch

noch auf andere Weise die Leute weiter in die Schrift eingeführt würden:

Jeder soll die Schrift selbst in die Hand nehmen

1. Mit fleißiger Lesung der Heiligen Schrift selbst, insbesondere aber des Neuen Testamentes. Das ist ja nicht schwierig, daß jeder Hausvater seine Bibel oder wenigstens sein Neues Testament bei der Hand habe und täglich etwas darin lese oder, wenn er des Lesens unerfahren sein sollte, sich von anderen vorlesen lasse. Wie nötig und nützlich das allen Christen in allen Ständen sei, hat stattlich und kräftig im vergangenen Jahrhundert ‖ Andreas Hyperius dargelegt. Seine zwei Bücher zu diesem Thema hat bald danach Georg Nigrinus verdeutscht. Nachdem das Werklein aber fast unbekannt geworden ist, hat neulich Herr D. Elias Veyel, mein wertester einstmaliger Kommilitone in Straßburg und in Christus geliebter Bruder es durch eine nochmalige Auflage den Leuten wiederum bekannt gemacht.

Gemeindeveranstaltungen, um die Bibel kennenzulernen

2. Neben dem, daß also die Leute zur privaten Lektüre angespornt werden, wäre ratsam: wenn man es einführen könnte, daß zu gewissen Zeiten in öffentlichen Gemeindeveranstaltungen die biblischen Bücher nacheinander ohne weitere Erklärung vorgelesen würden. Es wäre zu erwägen, ob man kurze Summarien [Zusammenfassungen] dazutun wollte. Das würde zu aller, vornehmlich aber zur Erbauung derjenigen dienen, welche gar nicht oder nicht bequem und wohl lesen können oder auch keine eigene Bibel haben.

Wiedereinführung der alten apostolischen Art der Kirchenversammlungen

3. Sollte auch (was ich zum reiflichen Nachdenken vorbringe) vielleicht nicht undienlich sein, wenn wir wiederum die alte apostolische Art der Kirchenversammlungen in Gang brächten: Daß also neben

unseren gewöhnlichen Predigten [Gottesdiensten] auch andere Versammlungen gehalten würden, auf die Art, wie sie Paulus 1.Korinther 14 beschreibt, wo nicht einer allein auftritt zu lehren (welches ja bleibt an anderer Stelle), sondern auch andere mitreden, die mit Gaben und Erkenntnis begnadet sind. Ohne Unordnung und Streitigkeiten sollen doch auch sie ihre gottseligen Gedanken über die jeweiligen Themen vortragen und die anderen darüber ihr Urteil abgeben. Das soll alles in einer geregelten, geordneten Art geschehen. Zu gewissen Zeiten könnten verschiedene Pfarrer (nämlich an Orten, da mehrere nebeneinander arbeiten) oder unter der Anleitung des Predigers mehrere andere aus der Gemeinde, die von Gott mit ziemlicher Erkenntnis begabt oder in ihr zuzunehmen begierig sind, zusammenkommen. Sie nehmen dann die Heilige Schrift vor, lesen daraus öffentlich und unterreden sich brüderlich miteinander über jede Stelle; darüber, wie sie zu verstehen sei und was aus ihr zu unserer Erbauung dienlich wäre. || Es könnte dann auch jeder, der die Sache nicht genug versteht, seine Zweifel vortragen und um Erläuterung bitten. Dann könnten diejenigen, die weitergekommen sind, einschließlich der Prediger, ihre Auslegung der Stelle vorbringen. Was davon der Meinung der Heiligen Schrift gemäß sei, würde dann von den übrigen, sonderlich von den berufenen Lehrern, geprüft, und damit würde die ganze Versammlung erbaut.

Die Leitung sollen die Pfarrer haben

Es müßte aber alles in rechter Absicht auf Gottes Ehre und das geistliche Wachstum, daher in den entsprechenden Schranken, eingerichtet werden. Wo sich hingegen Vorwitzigkeit, Zanksucht, Ehrsucht und dergleichen einschleichen sollte, muß es verhütet und sorgfältig, vor allem von den Predigern, die die Leitung dabei behalten, abgeschnitten werden. Daraus wäre ein nicht geringer Nutzen zu erhoffen.
Die Prediger selbst würden ihre Gemeindeglieder, ihre Schwachheiten oder ihr Zunehmen in der Lehre der Gottseligkeit kennenlernen. Auch würde ein für beide Teile zum Besten dienendes Vertrauen zwischen ihnen gestiftet werden. Außerdem hätten die Gemeindeglieder eine ausgezeichnete Gelegenheit, ihren Fleiß im Wort Gottes zu üben und sich dazu aufzumuntern, ihre vorhandenen Skrupel vorzutragen und

eine Antwort darauf zu hören. Denn sie nehmen sich doch sonst kaum ein Herz, sie auszusprechen. So wachsen sie selbst dabei innerlich und werden tüchtiger, in ihrer eigenen Hauskirche Kinder und Hausgenossen besser zu unterrichten.
Weil solche Gelegenheiten fehlen, werden auch die Predigten, wo einer allein in fließender Rede seinen Vortrag tut, nicht eben allemal so recht und genügend erfaßt. Es ist keine Zeit dazwischen, über die Sache nachzudenken oder wenn man nachdenkt, entgeht einem das Folgende (was bei den genannten Unterredungen nicht geschieht).
Auch in der privaten häuslichen Bibellese (wo man niemand dabei hat, der einigermaßen die Bedeutung und Absicht jeder Bibelstelle zeigen hilft) [...] wird den Gemeindegliedern (aus demselben Grund) nicht alles, was sie gern verstehen möchten, hinreichend klar. Hingegen würde, was an beiden [Predigt und persönliche Bibellese] mangelt, durch solche Übungen ersetzt werden und weder den Pfarrern noch den Gemeindegliedern große Arbeit gemacht werden. Manches aber würde getan zur Erfüllung der Ermahnung des Apostels Paulus, der da sagt (Kolosser 3,16): *Lasset das Wort Christi unter euch reichlich wohnen in aller Weisheit. Lehret und vermahnet einander mit Psalmen und Lobgesängen und geistlichen lieblichen Liedern* (die auch bei diesen Versammlungen zum Lobe Gottes und zur Aufmunterung gesungen werden können).

Nichts ist notweniger, als miteinander Gottes Wort zu studieren

Eins ist gewiß, daß die fleißige Beschäftigung mit dem Wort Gottes ‖ (die nicht nur im Anhören der Predigt besteht, sondern auch Lesen, Betrachten und davon sich unterreden - Psalm 1,2 - in sich fasset) das wichtigste Mittel sein muß, um etwas zu bessern, es geschehe nun durch die genannten oder durch andere noch anzuzeigende Veranstaltungen. Denn dasselbe bleibt der Same, aus dem alles Gute bei uns wachsen muß. Und werden wir die Leute zu einem Eifer bringen, darin fleißig zu sein und in diesem Buch des Lebens ihre Freude zu suchen, so wird das geistliche Leben bei ihnen herrlich gestärkt, und sie werden zu ganz anderen Leuten werden.

Luthers Wunsch

Und was hat doch unser seliger Luther eifriger gesucht, als die Leute zum fleißigen Lesen der Heiligen Schrift anzureizen? So sehr, daß er auch fast Bedenken trug, seine Bücher herauszugeben, damit die Leute nicht dadurch im Lesen der Schrift selbst träger gemacht werden möchten. Seine Worte lauten (WA 50,657f): *Gern hätte ich gesehen, daß meine Bücher allesamt wären dahinten geblieben und untergegangen. Es ist unter anderen Ursachen eine, daß mir graut vor dem Exempel. Denn ich sehe wohl, was für ein Nutzen in der Kirche geschafft wurde, als man außer und neben der Schrift angefangen hat, viele Bücher und große Bibliotheken zu sammeln, besonders ohne allen Unterschied allerlei Väter, Concilia und Lehre aufzuraffen. Damit wird nicht allein die edle Zeit und Studieren in der Schrift versäumt, sondern auch die reine Erkenntnis göttlichen Wortes ist endlich verloren. Auch ist das unsere Meinung gewesen, da wir die Biblia selbst zu verdeutschen anfingen, daß wir hofften, es sollte des Schreibens weniger und des Studierens und Lesens in der Schrift mehr werden. Weil auch alles andere Schreiben in und zu der Schrift weisen soll. Denn so gut werden weder Concilia, Väter, noch was wir machen, selbst wenn es aufs Höchste und Beste geraten kann, wie die Heilige Schrift, die Gott selbst gemacht hat. Wer meine Bücher in dieser Zeit je haben will, der lasse sie sich ja kein Hindernis sein, die Schrift selbst zu studieren ...* Darüber ist auch an anderen Stellen etwas bei ihm zu finden.

Das ist doch eins der hauptsächlichen bösen Stücke in dem Papsttum gewesen, durch das die päpstliche Staatsräson [Grundsatz für das staatliche Handeln im Sinne des Machtstandpunktes, um alle Macht ohne Rücksicht auf Bedenken zur Selbsterhaltung einzusetzen] sich befestigte, um die Leute in ‖ Unwissenheit zu halten und also völlige Gewalt über ihre Gewissen zu behalten: daß sie die Leute vom Lesen der Heiligen Schrift abgehalten haben und noch heute nach Vermögen abhalten. Hingegen ist es doch ein Hauptzweck der Reformation gewesen, die Leute wiederum zu dem Worte Gottes, das fast unter der Bank versteckt gelegen hat, zu bringen. Das ist das kräftigste Mittel gewesen, wodurch Gott sein Werk gesegnet hat. Also wird auch eben dieses das hauptsächliche Mittel sein, jetzt, da die Kirche bedarf, in besseren Stand zu kommen: daß der Ekel vor der Schrift, der bei vielen ist oder die Nachlässigkeit, in ihr zu studieren, abgetan und hingegen herzlicher Eifer zu ihr erweckt wird.

2. Aufrichtung und fleißige Übung des geistlichen Priestertums

Neben dem würde unser oft erwähnter D.Martin Luther noch ein anderes Mittel vorschlagen, das mit dem vorhergehenden zusammengehört. Das soll das zweite sein: *die Aufrichtung und fleißige Übung des geistlichen Priestertums.* Niemand wird sein, der etwas fleißig in Luthers Schriften gelesen hat, und nicht beobachtet haben sollte, mit welchem Ernst der selige Mann dieses geistliche Priestertum behandelt hat. Da ja nicht nur der Prediger, sondern alle Christen von ihrem Erlöser zu Priestern gemacht, mit dem Heiligen Geist gesalbt und zu geistlichen priesterlichen Verrichtungen bestimmt sind. Denn 1.Petrus 2,9 redet nicht mit den Predigern allein, wenn dort steht: *Ihr aber seid das auserwählte Geschlecht, das königliche Priestertum, das heilige Volk, das Volk des Eigentums, daß ihr verkündigen sollt die Wohltaten dessen, der euch berufen hat von der Finsternis zu seinem wunderbaren Licht.* Wer ausführlich dieses unseres Lehrers Meinung hiervon und was die priesterlichen Ämter seien, vernehmen und lesen will, der lese seine Schrift an die Böhmen, »Wie man die Diener der Kirche wählen und einsetzen soll«; WA 12, besonders 176ff). Da wird er sehen, wie stattlich erwiesen sei, daß allen Christen insgesamt ohne Unterschied alle geistlichen Ämter zustehen, obwohl deren ordentliche und öffentliche Verrichtung den dazu bestellten Dienern anbefohlen ist. Doch im Notfall können sie auch von anderen verrichtet werden. Was aber nicht zu den öffentlichen Verrichtungen gehört, soll immerfort zu Hause und in dem alltäglichen Leben von allen getan werden.

Das Papsttum hat die »Laien« entmündigt

Denn dieses ist eine sonderbare List des leidigen Teufels gewesen, daß er es im Papsttum dahin gebracht hat, daß er alle solche geistlichen ‖ Ämter allein dem Klerus zugewiesen und die übrigen Christen davon ausgeschlossen hat. (So haben sich auch die Kleriker hochmütigerweise allein den Namen »Geistliche«, der allen Christen in der Tat gemeinsam ist, zugemessen.) Es sieht dann so aus, als ob den übrigen Christen nicht erlaubt sei, in dem Wort des Herrn fleißig zu studieren, viel weniger andere neben sich zu unterrichten, zu ermahnen, zu strafen, zu trösten und das privat zu tun, was zu dem Kirchendienst öffentlich gehört; als wären solches lauter Dinge, die an ihrem [Priester-] Amt allein hingen.

Die »Laien« sind träge geworden

Damit haben sie zuerst die sogenannten Laien in dem, was sie eigentlich auch etwas angehen sollte, träge gemacht. Daraus ist eine schreckliche Unwissenheit und aus derselben Verwilderung entstanden. Hingegen konnten die sogenannten Geistlichen tun, was sie wollten. Es durfte ihnen ja niemand in die Karte sehen oder die geringste Einrede tun. Daher ist dieses angemaßte Monopol des geistlichen Standes neben der oben erwähnten Abhaltung [der Laien] von der Schrift im Papsttum eines der wichtigsten Mittel, womit das päpstliche Rom seine Gewalt über die armen Christen versteift hat und, wo es noch Raum hat, bisher erhält.

So konnte ihm [dem Papsttum] auch nicht weher geschehen, als daß im Gegenteil von Luther gezeigt wurde, wie zu den geistlichen Ämtern (nicht zu deren öffentlicher Verwaltung, wozu die Abordnung der im gleichen Recht stehenden Gemeinde gehört) alle Christen berufen sind. Sie sind dazu nicht nur befugt, sondern, wollen sie wirklich Christen sein, auch verpflichtet, sich dessen anzunehmen.

Denn jeder Christ ist dazu verpflichtet, nicht nur selbst für sich und die Seinen Gebet, Danksagung, gute Werke, Almosen usw. zu opfern, sondern in dem Wort des Herrn emsig zu studieren, andere, vor allem seine Hausgenossen nach der Gnade, die ihm verliehen ist, zu lehren, zu strafen, zu ermahnen, zu bekehren, zu erbauen, ihr Leben zu beobachten, für alle zu beten und für ihre Seligkeit nach Möglichkeit zu sorgen. Wo dieses den Leuten gezeigt wird, so wird damit ein jeder so viel mehr auf sich acht geben und sich dessen befleißigen, was zu seiner und des Mitmenschen Erbauung gehört. Hingegen macht es sicher und träge, wo diese Lehre nicht bekannt und getrieben wird. Dann denkt niemand daran, daß es ihn angehe. Jeder bildet sich dann ein, daß (wie er selbst zu seinem Amt, Handel oder Handwerk und dergleichen berufen ist, zu dem der Pfarrer nicht berufen ist und solches nicht treibt) allein der Pfarrer berufen sei zu geistlichen Verrichtungen, das Wort Gottes zu treiben, zu beten, zu studieren, zu ermahnen, zu trösten, zu strafen usw. Andere hätten sich nichts darum zu kümmern, ja sie würden dem Pfarrer in sein Amt greifen, wenn sie || damit umgingen, geschweige denn, daß sie auch selbst auf den Pfarrer mit acht geben sollten und wo er säumig ist, ihn selbst brüderlich zu ermahnen, insgesamt ihm aber in all diesem an die Hand zu gehen hätten.

Das Predigtamt wird durch das geistliche Priestertum nicht geschmälert, sondern unterstützt

Denn durch den ordentlichen Gebrauch dieses Priestertums wird dem Predigtamt kein Abbruch getan. Das ist im Gegenteil eine der Hauptursachen, warum das Predigtamt nicht alles, was nötig wäre, ausrichten und ins Werk setzen kann: daß es ohne die Hilfe des allgemeinen Priestertums zu schwach und ein Mann nicht genug ist, bei so vielen, die einem Pfarrer normalerweise in seiner Seelsorge anvertraut sind, das auszurichten, was zur Erbauung nötig ist. Wo jedoch die [geistlichen] Priester ihr Amt tun, da hat der Prediger als ihr Direktor und ältester Bruder eine stattliche Hilfe in seinem Amt und dessen öffentlichen und persönlichen Diensten, so daß ihm die Last nicht zu schwer wird.

Nach Luthers Tod ist der priesterliche Dienst der »Laien« und ihr fleißiges Bibelstudium weithin vergessen worden

Darüber wäre nun weiter nachzudenken: nicht nur, wie diese Sache, die nach Luthers Zeiten nicht mehr viel getrieben worden ist, den Leuten bekannter gemacht werden könnte. (Dazu wären Herrn Joh. Vielitz' gottselige Predigten sehr dienlich.) Es muß auch erwogen werden, wie die Sache besser in die Praxis umgesetzt werden könnte. Dazu mag vielleicht mein erster Vorschlag einer Übung, die in die Heilige Schrift und in ihr Verständnis einführt, einiges beitragen. Nach meiner Überzeugung würde etwas Großes getan und erreicht, es würden mit der Zeit immer mehr Leute gewonnen und schließlich die Kirche merklich gebessert werden, wenn nur einige in jeder Gemeinde zu diesen beiden Stücken gebracht werden könnten: nämlich zum fleißigeren Bibelstudium und zur Wahrnehmung ihrer priesterlichen Pflichten, vornehmlich zur brüderlichen Ermahnung und Zurechtweisung. (Sie ist ja fast ganz unter uns erloschen, sollte aber doch mit Ernst praktiziert werden und diejenigen, die deswegen etwa leiden müssen, sollten nach Kräften von den Predigern geschützt werden.)

3. Das Christentum besteht nicht im Wissen, sondern in der Tat

Zu diesen Stücken gehört auch drittens, daß man den Leuten beibringe und sie bald daran gewöhne, zu glauben, *daß es mit dem Wissen im Christentum durchaus nicht genug sei, sondern es vielmehr in der Praxis bestehe.* Hat doch unser lieber Heiland zum öfteren uns die Liebe als das rechte Kennzeichen seiner Jünger anbefohlen: (Johannes 14,34 u. 35; Kapitel 15,12; 1.Johannes 3,10.18; Kapitel 4,7.8.11.12.13.21). Daher auch der liebe Johannes in seinem hohen Alter fast nichts mehr zu sagen pflegte zu seinen Jüngern als: *Kindlein liebet euch untereinander* (nach dem Zeugnis des Hieronymus, Comm. in Epist. ad Gal. III,6); und zwar so sehr, daß seine Jünger und Zuhörer schließlich verdrossen wurden, immer einerlei zu hören. So fragten sie ihn, warum er allezeit ihnen einerlei vorspreche. Sie bekamen zur Antwort: *Weil es der Befehl des Herrn ist, und wenn der geschieht, ist's genug.* Freilich besteht das ganze Leben eines gläubigen und durch den Glauben seligen Menschen und die Erfüllung der göttlichen Gebote in der Liebe. Deswegen ist fast alles, was wir verlangen, erreicht, wenn wir eine inbrünstige Liebe unter unseren Christen, zunächst gegen einander, dann gegen alle Menschen, erwecken und in die Übung bringen können (beide, die brüderliche und die allgemeine Liebe müssen aufeinander folgen: 2.Petrus 1,7). Denn darin bestehen alle Gebote (Römer 13,9). Demnach wäre den Leuten das nicht nur fleißig zu sagen, die Vortrefflichkeit der Liebe zum Nächsten und hingegen die große Gefährlichkeit und der Schaden einer entgegenstehenden Eigenliebe nachdrücklich vor Augen zu stellen, sondern sie auch in dieser Liebe zu üben. (Das ist vor allem von dem geistreichen Johann Arnd in seinem »Wahren Christentum« IV,2, im 22. Kapitel und in den folgenden schön ausgeführt worden.)

Keine Gelegenheit versäumen, dem Nächsten Gutes zu tun

Man soll die Leute daran gewöhnen, nicht leicht eine Gelegenheit außer acht zu lassen, wo sie dem Nächsten eine Liebestat erweisen könnten, und dabei zugleich das eigene Herz fleißig zu durchforschen, ob auch die Tat aus wahrer Liebe gewirkt oder andere Absichten damit verbunden worden sind. Wo Christen beleidigt worden sind, sollten sie besonders auf sich achtgeben, nicht nur aller Rache sich zu enthalten, sondern eher auf ihr gutes Recht zu verzichten und in seiner Einforderung nachzulassen. Und zwar aus Sorge, ihr Herz möchte sie betrügen und etwas von feindseligen Gefühlen sich einmischen. Ja, mit Fleiß sollten sie Gelegenheit suchen, dem Feinde Gutes zu tun, schon damit dem sonst zur Rache geneigten Adam durch eine solche Zähmung wehe geschehe, hingegen die Liebe tiefer in das Herz gedrückt werde. ||
Dazu - wie auch insgesamt zu dem Wachstum im Christentum - ist es hilfreich, wenn diejenigen, denen nun eifriger vorgehalten wird, in den Wegen des Herrn zu gehen, in vertraulicher Freundschaft mit ihrem Beichtvater stehen oder auch mit einem anderen verständigen, erleuchteten Christen und denselben immer Rechenschaft geben, wie sie

leben, wo sie Gelegenheit gehabt haben, Liebe zu üben, wie sie sich verhalten oder was sie versäumt haben; um allemal von denselben Rat und Unterweisung zu bekommen, nachdem sie erforscht haben, was ihnen noch mangelt und wie sie die Sache anzugehen haben; und zwar mit der Entschlossenheit, diesem Rat auch zu folgen, es sei denn, daß ihnen etwas deutlich wider göttlichen Willen zugemutet würde. Und wo es zweifelhaft erscheint, ob sie dieses oder jenes ihrem Nächsten an Liebe schuldig seien oder nicht, daß sie allemal lieber dahingehen, es zu tun als zu unterlassen.

4. *Wie wir uns in Religionsstreitigkeiten zu verhalten haben*

Hierzu haben wir 4. auch dieses zu setzen, daß wir genau acht auf uns geben sollen, wie wir uns wegen der *Religionsstreitigkeiten* und gegen diejenigen, die allerdings Ungläubige oder Falschgläubige sind, zu verhalten haben. Daß wir nämlich vor allen Dingen uns darum bemühen, uns selbst und die Unsrigen, auch die übrigen Glaubensbrüder, in der erkannten Wahrheit zu bekräftigen, zu stärken und vor aller Verführung mit großer Sorgfalt zu bewahren. Darüber hinaus haben wir uns aber auch unserer Pflicht gegenüber den Irrenden zu erinnern.

Das Gebet für die Irrenden

Ihnen sind wir nun schuldig erstens eifriges Gebet, daß sie der grundgütige Gott auch mit dem Licht, mit dem er uns begnadigt hat, gleichfalls erleuchten und zu der reinen Wahrheit führen, ihnen alle Gelegenheit dazu geben, ihre Herzen zubereiten und das kräftig werden lassen wolle, was sie von der wahren Erkenntnis des Heils in Christus noch besitzen, wenn ihre gefährlichen Irrtümer ihnen zerstört worden sind. So mögen sie zuletzt noch wie ein Brand aus dem Feuer errettet werden. Denn das ist die Kraft der drei ersten Bitten, daß Gott seinen Namen an ihnen geheiligt, sein Reich zu ihnen gebracht und seinen gnädigen Willen an und in ihnen vollbracht werden lassen wolle.

Das gute Vorbild

Zum zweiten haben wir ihnen mit gutem Beispiel voranzugehen und uns aufs eifrigste zu hüten, daß wir sie in nichts ärgern, um ihre bösen Einbildungen von unserer wahren Lehre und daher ihre Bekehrung nicht schwerer zu machen.

Ihre Irrtümer sollen wir ihnen zeigen

Zum dritten sollen wir, wo Gott uns die dazu dienlichen Gaben gegeben und wir Gelegenheit hoffen gefunden zu haben, sie zu gewinnen, dann auch gern das unsrige tun: mit bescheidener und nachdrücklicher Vorstellung unserer Wahrheit, die wir bekennen, zu zeigen, wie sie so gar || in der Einfalt der Lehre Christi begründet sei. Dann können wir auf behutsame und doch deutliche Weise sie ihrer Irrtümer überführen, daß sie wider göttliches Wort streiten und welche Gefahr sie nach sich ziehen. Alles aber auf die Art, daß solche Leute, mit denen man spricht, es selbst sehen können, daß man alles aus herzlicher Liebe gegen sie tue, ohne fleischliche und unziemliche Leidenschaften und wo man von einer Heftigkeit je übereilt wird, daß solches alles aus reinem Eifer für die göttliche Ehre geschehe. Besonders hat man sich vor Scheltworten und persönlichen Anzüglichkeiten zu hüten, welche so schnell alles, was man Gutes zu bauen meinte, niederreißen. Sehen wir, daß wir dadurch angefangen haben, etwas zu gewinnen, so haben wir umso fleißiger das Angefangene, auch mit anderer Unterstützung, noch eifriger weiterzuführen. Sieht man aber, daß andere von ihren vorgefaßten Meinungen so eingenommen sind, daß sie diesmal unseren Vorbehalt nicht begreifen können, obwohl man bei ihnen ein Gemüt entdeckt, das gern Gott dienen wollte, so soll man sie ermahnen, daß sie wenigstens von der angehörten Wahrheit nicht übel reden noch sie verlästern, die Sache aber in der Furcht des Herrn und mit herzlichem Gebet ferner bedenken. Indessen sollen sie ihrem Gott nach denjenigen praktischen Prinzipien und Lebensregeln, welche die meisten, die den christlichen Namen tragen, noch einigermaßen unter sich gemeinsam haben, eifrig dienen und in der Wahrheit zuzunehmen trachten.

Vor allem aber herzliche Liebe erweisen

Dazu und ganz allgemein soll viertens kommen die Übung herzlicher Liebe gegen alle Ungläubigen und Irrenden: daß wir zwar nicht bereit sind, ihren Un- und Irrglauben zu praktizieren oder fortzupflanzen, vielmehr mit Eifer uns ihm widersetzen, aber in den anderen Dingen, welche zum menschlichen Leben gehören, zeigen, daß wir sie aus dem Recht der allgemeinen Schöpfung und aus der auf alle sich erstreckenden göttlichen Liebe (wenn auch nicht der Wiedergeburt nach) als unsere nächsten Brüder erkennen und so auch mit solchem Herzen gegen sie gesinnt sind, wie wir den Befehl haben, sie wie uns selbst zu lieben (wie der Samariter als des Juden Nächster von Christus - Lukas 10 - vorgestellt wird). Denn das ist ein fleischlicher und für die Bekehrung solcher Leute schädlicher Eifer, wenn man einem Ungläubigen oder Irrenden um seiner Religion willen Schimpf oder Leid antut, da doch der rechtmäßige Haß [Abscheu] gegenüber der Religion die der Person schuldige Liebe weder aufheben noch schwächen sollte.

Einer der ersten Schritte auf dem Weg zur Wiedervereinigung der Kirchen

Wenn wir eine gewisse Hoffnung auf die Wiedervereinigung der verschiedenen, wenigstens der meisten Religionen [Kirchen] unter den Christen haben, so mag das vielleicht ‖ der nächste und von Gott gesegnetste Weg sein, daß wir nicht alles auf die Streitgespräche setzen. Denn bei so viel mehr fleischlichem als geistlichem Eifer, der die Gemüter erfüllt, bleiben die Disputationen fruchtlos. Wohl muß die Verteidigung der reinen Wahrheit, zu der das Disputieren gehört, in der Kirche erhalten bleiben wie auch andere zu ihrer Erbauung verordnete Handlungen. Hier stehen uns Christus, die Apostel und deren Nachfolger zum geheiligten Vorbild vor Augen, die auch Streitgespräche geführt, d.h. die Irrtümer kräftig widerlegt und die Wahrheit beschützt haben. Hingegen würde es die christliche Kirche in die größte Gefahr stürzen, wenn jemand diesen notwendigen Gebrauch des geistlichen Schwertes, des göttlichen Wortes, sofern es gegen die Irrlehren gebraucht wird, wegwerfen wollte.

Aber ich bleibe nichts destoweniger bei dem von unserem seligen Johann Arnd erwiesenen Satz (Wahres Christentum I,39): *Daß die Lauterkeit der Lehre und des göttlichen Wortes nicht allein durch Disputieren und mit vielen Büchern erhalten werde, sondern auch mit wahrer Buße und heiligem Leben.* Zu dieser Erkenntnis gehören in Johann Arnds »Wahrem Christentum« auch, die beiden vorangehenden Kapitel (I,37,38): *Wer Christus mit Glauben, heiligem Leben und stetiger Buße nicht folgt, der kann von der Blindheit seines Herzens nicht erlöst werden, sondern muß in der ewigen Finsternis bleiben: Er kann auch Christus nicht recht erkennen, noch Gemeinschaft und Teil an ihm haben.* Und: *das unchristliche Leben ist eine Ursache falscher, verführerischer Lehre, der Verstockung und Verblendung.*

Streitgespräche können die Herzen verderben

So meine ich, *daß nicht alles Disputieren nützlich und gut ist*, denn es gilt von manchem [Streitgespräch], was unser seliger Luther sagte [...]: *Nicht durch Lehren, sondern durch viel Disputieren wird die Wahrheit verloren. Denn dieses Böse bringen die Disputationen mit sich, daß die Gemüter dadurch verdorben werden und wenn sie mit dem Gezänk zu tun haben, versäumen sie darüber, was sie vornehmlich treiben sollten und was das wichtigste ist* (WA 40,3,361 zu Psalm 130,5: Vorlesung über die Stufenpsalmen 1532/33).

Ach wie oft sind die Disputierenden selbst Leute ohne Geist und Glauben, mit fleischlicher ‖ Weisheit erfüllt, gewiß aus der Schrift, aber von Gott nicht gelehrt! (Denn alle Wissenschaft, die wir mit unseren eigenen natürlichen Kräften und durch bloßen menschlichen Fleiß, ohne das Licht des Heiligen Geistes aus der Schrift fassen, ist eine fleischliche Weisheit oder wir müßten sagen, daß die Vernunft der göttlichen Weisheit fähig sei.) Was ist dann von solchen zu hoffen? Wie oft bringt man fremdes Feuer in das Heiligtum des Herrn, d.h. eine fremde Absicht, nicht auf Gottes, sondern auf die eigene Ehre

ausgerichtet! Solche Opfer gefallen Gott nicht. Sie ziehen vielmehr seinen Fluch herbei. Mit solchem Disputieren wird nichts ausgerichtet. Wie oft will man nur das festhalten, was man selbst aufgestellt hat, den Ruhm eines subtilen Verstandes und die Scharfsinnigkeit, die Überwindung des Gegners unter allen Umständen, aber es geht nicht um die Untersuchung und Erhaltung der Wahrheit!
Dadurch wird der Widersacher so verärgert, auch wenn er keine Erwiderung weiß, daß diese ganze Art, wie man gegen ihn vorgeht, die fleischlichen Leidenschaften, die er dahinter verspürt, die gehörten Schmähworte und dergleichen allzumenschliche Dinge, alle erhoffte Bekehrung hindern. Sollte man viele der bisherigen Streitgespräche untersuchen, so würde man bald diesen, bald jenen Mangel finden. Es ist zu verstehen, daß dieser Mißbrauch daran schuld ist, daß vielen das Disputieren dermaßen zuwider ist, daß sie einen unsachlichen Haß dagegen gefaßt haben und dem Disputieren insgesamt (weil nicht alles, was man gerne hätte, dadurch erreicht werden kann), beimessen wollen.

Wir wollen Menschen zurechthelfen auf jede Weise

So ist also nicht alles Disputieren zu loben und nützlich. *Das rechte Disputieren ist auch nicht das einzige Mittel, die Wahrheit zu erhalten. Es erfordert andere neben sich.* Gott wird dazu seinen Segen nicht geben, wenn man es nicht allein dabei bleiben lassen will, daß der einzige Zweck alles Disputierens die Rettung der wahren Lehre von falschen Meinungen und deren Widerlegung sei. Der menschliche Verstand soll erkennen, daß der verteidigte Lehrsatz dem göttlichen Wort gemäß sei, und daß andere ihm entgegen sind. Darum geht es. (Es geschieht aber fast immer, daß man viele zum Luthertum gewinnen will und läßt es sich nicht ferner angelegen sein, daß sie auch wahre Kern-Christen würden und ihnen daher das wahre Bekenntnis zu einem Eingang zu dem Weg werde, auf dem sie Gott künftig eifrig dienen sollen.)
Soll Gottes Ehre recht befördert werden, dann muß außerdem alles darauf ausgerichtet werden, ‖ daß der Gesprächspartner dadurch bekehrt werden könnte und daß die gerettete Wahrheit zur Dankbarkeit

und zu einem heiligen Gehorsam Gott gegenüber führt. Denn eine intellektuelle Einsicht und das Überzeugtsein von einer Wahrheit ist bei weitem noch nicht der Glaube. Zu ihm gehört mehr. Es muß der Vorsatz vorhanden sein, daß man das nicht unterläßt, was dem Irrenden zur Bekehrung verhilft und daß man wegräumt, was ihn daran hindern könnte. Vor allem soll der Wunsch lebendig werden, in uns und allen anderen das, was wir erkennen werden, zur weiteren Ehre Gottes anzuwenden und ihm im Licht dieser Erkenntnis auch zu dienen. Hierher gehören die herrlichen Sprüche Christi (Johannes 7,17): *So jemand will des* (nämlich des Vaters, der ihn gesandt hat) *Willen tun, der wird innewerden, ob diese Lehre von Gott sei oder ob ich von mir selbst rede.* So sagt der Heiland also von keinem anderen, daß er in seinem Herzen göttlich versiegelt sei durch die göttliche Wahrheit seiner Lehre, es sei denn bei ihm der Wille da, den Willen des Vaters zu tun und es also nicht bei dem Wissen allein bleiben zu lassen. Wiederum steht Johannes 8,31 und 32: *So ihr bleiben werdet an meiner Rede, so seid ihr meine rechten Jünger und werdet die Wahrheit erkennen, und die Wahrheit wird euch frei machen.* Und 14,21: *Wer meine Gebote hat und hält sie, der ist's, der mich liebt. Wer mich aber liebt, der wird von meinem Vater geliebt werden und ich werde ihn lieben und mich ihm offenbaren.*

Das Experiment des Glaubens wagen!

Daraus wird klar, daß Disputieren nicht genug ist, weder um bei uns selbst die Wahrheit zu erhalten, noch um sie den noch Irrenden beizubringen. Sondern dazu ist die heilige Liebe Gottes vonnöten. Ach, wenn wir Evangelischen uns es aufs eifrigste angelegen sein lassen würden, Gott die Früchte seiner Wahrheit in herzlicher Liebe darzubringen und also einen unserer Berufung würdigen Wandel zu führen; und das alles in erkennbarer und ungefärbter Liebe zum Nächsten, auch den Irrgläubigen gegenüber (durch die Ausübung der oben genannten Pflichten)! Wenn wir die noch Irrenden durch unsere Anweisung dahin bringen könnten, daß sie, wenn sie auch die von uns bekannte Wahrheit nicht begreifen können, doch anfangen wollten, Gott nach dem Maß der Erkenntnis, die sie von der christlichen Lehre

besitzen, eifrig zu dienen, in Liebe zu Gott und zum Nächsten: Dann ist kein Zweifel, daß Gott nicht nur uns in der Wahrheit zunehmen lassen, sondern daß er uns auch die Freude schenken würde, andere, deren Irrtum wir jetzt beklagen, bald im gleichen Glauben neben uns zu sehen. ||
Denn sein Wort besitzt die Kraft, wenn sie nicht boshaft durch uns oder durch die anderen, die wir überzeugen möchten, gehindert wird, die Herzen zu bekehren. So trägt auch der heilige Wandel selbst zur Bekehrung viel bei. Das lehrt uns Petrus (1.Petrus 3,1.2).

5. Reform des Theologiestudiums

Das Predigtamt muß bei all diesen Dingen, die die Besserung der Kirche betreffen, das allermeiste tun. Weil die Mängel an den Pfarrern so viel Schaden anrichten, ist umsomehr daran gelegen, daß man solche Leute habe, die vor allem selbst wahre Christen sind. Sie könnten auch, weil sie göttliche Weisheit haben, behutsam andere auf den Weg des Herrn führen. Es würde also viel zur Besserung der Kirche beitragen, ja ganz nötig sein, daß man keine anderen als solche Leute, die dazu tüchtig wären, ins Pfarramt beriefe. Insgesamt müßte man bei der Berufung auf nichts anderes als die Ehre Gottes (alle fleischlichen Absichten auf Gunst, Freundschaft, Geschenke und dergleichen unziemliche Dinge hintangesetzt) einzig und allein abzwecken. [...]
Will man aber solche tüchtigen Personen zum kirchlichen Dienst berufen, so muß man sie auch haben und daher auf den Schulen und Universitäten erziehen. Ach Gott gebe gnädig, daß alles, was hierzu notwendig ist, auf den Universitäten von den Theologieprofessoren fleißig beachtet werde! Sie sollen dafür sorgen helfen, daß das (nicht nur von dem eifrigen Johann Matthäus Meyffart, sondern auch || nach ihm von vielen anderen gottseligen Herzen wehmütig beklagte und bei allen Fakultäten übliche) unchristliche akademische Leben mit nachdrücklichen Mitteln abgeschafft würde. Es muß so gebessert werden, daß die Akademien, wie es recht und billig ist, auch als rechte Pflanzgärten der Kirche in allen Ständen und als Werkstätten des Heiligen

Geistes erkannt werden. Nicht aber darf der Weltgeist, der Ehrgeiz-, der Sauf-, der Zank-, der Balge-Teufel im äußeren Leben der Studenten bestimmend sein.

Das Vorbild der Professoren

Die Herren Professoren können mit ihrem Vorbild selbst viel dazu beitragen (ja, ohne das ist schwerlich die rechte Besserung zu erhoffen), wenn sie sich als Leute erweisen, die der Welt abgestorben sind und in nichts ihre eigene Ehre, Gewinn oder Wohlbehagen, sondern in allem allein ihres Gottes Ehre und der Anvertrauten Heil suchen und danach alle ihre Studien, Bücherschreiben, Lektionen, Vorlesungen, Disputationen und Tätigkeiten einrichten. Dann hätten die Studenten ein lebendiges Muster, nach dem sie ihr Leben ausrichten könnten. Denn wir sind so geartet, daß Vorbilder bei uns so viel wie die Belehrung, ja, zuweilen noch mehr ausrichten.

Gregor von Nazianz sagt (Epit. Basil.; Carm. 119): [...] *Die Rede und Lehre des Basilius war* (an Kraft) *wie ein Donner, weil sein Leben ein Blitz war.*

Daher sollten die Professoren an ihren Tischen guter Disziplin (nicht aber Mutwillen um des Gewinnes willen) den Platz einräumen. Über Tisch sollten gute, erbauliche Gespräche von ihnen gehalten werden, unziemliche Reden aber, vor allem solche, in denen Gottes Wort, Sprüche, Gesänge und dergleichen Worte in verkehrtem Sinn zu Bösem mißbraucht werden, abgewendet und mit Ernst bestraft, aber nicht mit Wohlgefallen angehört werden. (Denn durch solche Dinge geschieht mehr Böses als man denken möchte. Das kann oft gottseligen Gemütern ihr Leben lang, wenn sie bei ihrer Andacht an ein solches Wort kommen, ein Anstoß bleiben.)

Studieren und Christentum der Tat gehören zusammen

Ohne Unterlaß sollte außerdem den Studenten eingeprägt werden, daß nicht weniger am gottseligen Leben als an ihrem Fleiß und Studieren gelegen sei. Das eine ist ohne das andere nichts würdig. Des alten Justin bekannte Rede soll allezeit in unseren Gedanken sein: [...] ‖

Unsere Religion besteht nicht in Worten, sondern in Taten [Coh. ad Graec. 35]. Das hat er von Paulus gelernt, daß *das Reich Gottes nicht in Worten, sondern in Kraft bestehe* (1.Korinther 4,20). So wäre ihnen stetig vorzuhalten, daß es im menschlichen Leben heißt: Wer an Gelehrsamkeit wächst und nicht an guten Sitten, der schreitet mehr rückwärts als vorwärts.

Theologie ist ein habitus practicus

Das gilt vor allem im Geistlichen, wo - weil die Theologie ein habitus practicus ist - alles auf die Praxis des Glaubens und Lebens ausgerichtet werden muß. Deshalb nennt der christliche und um die Straßburgische Kirche so wohl verdiente selige D. Johann Schmidt, mein in Christus geliebter Vater, dieses (Libellus Repudii, 2,37) *ein großes und schreckliches Idol oder Götzen, daß man auf den Hochschulen und Universitäten, auch wenn man sehr fleißig sein will, gar sehr neben dem rechten Zweck vorbeizielt. Denn der liegt darin, daß Gott geehrt werde, oder etwas deutlicher: daß die wahre, unverfälschte christliche Religion, d.h. die herzliche Übung der Gottseligkeit und christliche Tugend desto besser eingepflanzt, betrieben und den Gemütern eingeprägt werde.* Auch seine übrigen Worte sind es wert, gelesen zu werden. Denn er nennt es zuletzt *einen Greuel der Verwüstung*.

Der Heilige Geist ist der wahre und einzige Lehrmeister. Die Theologie ist nicht bloße Wissenschaft

Der durch seine Schriften zu Rettung der wahren Lehre berühmte Theologe, Herr D. Abraham Calov, mein besonders hochgeehrter Gönner, faßt (Paedia Theologica 57) die Ursachen kurz zusammen, um derentwillen ein Theologiestudent sich eines gottseligen Lebens befleißigen müsse: Zu deutsch lautet das wie folgt: || *I. Weil der Apostel seinen Timotheus also unterrichtet (2.Timotheus 2,24; 1.Timotheus 1,18.19; Kapitel 3,2; Kapitel 4,7.12; Titus 1,17). II. Der Heilige Geist, der wahre und einzige Lehrmeister, wohnt nicht in einem Herzen, das der Sünde untertan ist (Johannes 16,13; 1.Johannes 2,27). Die Welt kann den Geist der Wahrheit nicht empfangen (Johannes 14,17). III. Ein*

Theologiestudent geht mit der göttlichen Weisheit um, die nicht fleischlich, sondern geistlich und heilig ist (Jakobus 3,15), deren Anfang die Furcht Gottes ist (Psalm 111,9; Sprüche Salomonis 1,7.9.10). IV. Die Theologie ist nicht eine bloße Wissenschaft, sondern besteht in des Herzens Affekt [Bewegung] *und in der Übung [...]. V. Selig ist* (sprachen die Alten), *wer die Schrift in Werke umsetzt. Wisset ihr dies, sagt Christus (Johannes 13,17): Selig seid ihr, so ihr's tut. Sollen also Christi Jünger die Schrift so durchforschen, daß sie sie zur Ausübung bringen und tun, was sie wissen. VI. Dagegen kommt die Weisheit nicht in eine boshafte Seele und wohnt nicht in einem Leibe, der der Sünde untertan ist (Weisheit Salomonis 1,4). Wer also den Sünden nachhängt, kann keine Wohnung des Heiligen Geistes werden. VII. Wie die Leviten, ehe sie in die Stiftshütte eingingen, vorher sich waschen mußten (2.Mose 30,18; 1.Könige 7,23; 2.Chronik 4,2), also sollen sich auch der Heiligung und Reinigung ihres Lebens diejenigen befleißigen, die einmal in der Hütte des Herrn ein- und ausgehen wollen.* Ach, wollte Gott, diese Worte stünden aller Orten vor und in den Hörsälen und ein jeder Student hätte sie in seinem Studierstüblein vor Augen, ja in seinem Herzen, so würden wir bald eine andere Kirche haben!

Ich kann es nicht unterlassen, hier auch ein Wort des lieben und gottseligen Theologen D. Johann Gerhard hinzuzusetzen: (Harmonia Evangelistarum, Kapitel 176, S. 1333 b): [...] ‖ *Die da die wahre Liebe Christi nicht haben und die Ausübung der Gottseligkeit unterlassen, erlangen nicht die völligere Erkenntnis Christi und eine reichere Begabung mit dem Heiligen Geist. Und daher ist es um die wahre, lebendige, tätige und heilsame Erkenntnis göttlicher Dinge zu erlangen, nicht genug, die Schrift zu lesen und zu erforschen, sondern es ist nötig, daß auch die Liebe Christi dazu komme, das heißt, daß man sich hüte vor Sünden wider das Gewissen, mit denen dem Heiligen Geist ein Riegel vorgeschoben wird und daß man sich der Gottseligkeit ernstlich befleißige.*

Es geht nicht um eine Religionsphilosophie, sondern um das Theologiestudium

Wenn dieser Grund bei den Theologiestudenten gelegt wird, daß sie davon überzeugt sind, sie müssen bereits in ihren ersten Studienjahren der Welt absterben und ein Leben führen als solche, die einmal Vorbilder der Herde werden sollen, so ist das nicht nur eine Zierde, sondern ein ganz notwendiges Werk. Ohne diese Haltung sind sie sozusagen *Studenten der Philosophie de rebus sacris* [von heiligen Dingen], nicht aber Theologiestudenten. Denn die Theologie wird im Licht des Heiligen Geistes allein erlernt.

Viele meinen freilich, es stünde einem Theologiestudenten zwar gut an, wenn er gut lebt. Doch sei das eben so nötig nicht, wenn er nur fleißig studiere und ein gelehrter Mann werde, obgleich er sich während all dieser Zeit vom Weltgeist regieren lasse und mit anderen in aller Weltlust mitmache. So viel mache das nicht aus, wenn er nur dann rechtzeitig das Leben ändere, wenn er einmal ein Prediger werde. Gerade als ob das immer in unserem Vermögen stünde und als hinge nicht die tief eingewurzelte Weltliebe den Leuten dann gewöhnlich in ihrem ganzen Leben an! Deshalb richtet solch böse Meinung unter uns so großen Schaden an. Wenn aber, sage ich, den Theologiestudenten das alles bei Beginn ihres Theologiestudiums sehr ernst vorgehalten wird, so hoffe ich, daß es nachher für die ganze Studienzeit und für das ganze Leben viel Früchte nach sich zieht.

Die Professoren sollen die Studenten nicht allein nach der Begabung fördern

Es wäre dazu recht dienlich, wenn die Herren Professoren sowohl auf das Leben der ihnen anvertrauten Studenten wie auf ihre Studien acht geben würden. ‖ Die einen wären zu ermuntern. Den anderen wäre deutlich zu machen, daß ihre Lehrer sie nicht achten können, wenn sie herumschwärmen, saufen, prunken, ihren Ehrgeiz bei den Studien und vor den anderen zeigen und insgesamt nach der Welt und nicht nach Christus leben. Es wäre gut, wenn diese sehen, daß ihnen ihre vorzügliche Begabung und gute Studien nichts nützen. Denn je mehr Gaben sie empfangen haben, um so schädlicher würden sie bei dieser Haltung einmal sein. Und wenn andere in ihren Studien mit jenen nicht Schritt halten können, aber ein gottseliges Leben führen, so sollen die Professoren ihnen öffentlich und persönlich zeigen, wie lieb sie ihnen sind und daß man sie den anderen weit vorzieht. Auch in der Beförderung sollte man sie vorziehen oder sie allein befördern, die anderen aber so lange davon ausschließen, bis sie sich ganz geändert haben. So sollte es wirklich sein. Denn das ist gewiß: Ein mit weniger Gaben ausgestatteter Mensch, der aber Gott herzlich liebt, wird auch mit geringeren Talenten und Gelehrsamkeit der Gemeinde Gottes mehr nutzen als ein doppel-doktor-mäßiger, nichtiger Weltnarr, der zwar voller Kunst steckt, aber von Gott nicht gelehrt ist. Denn die Arbeit von jenem ist gesegnet und er hat den Heiligen Geist bei sich, dieser aber besitzt allein ein fleischliches Wissen, mit dem er sehr leicht mehr schaden als nutzen kann. Es könnte auch nicht übel sein, wenn alle Studenten von ihrer Universität ein Zeugnis mitbringen müßten, nicht allein über ihre Geschicklichkeit und ihren Fleiß, sondern auch über ihr gottseliges Leben. Dieses Zeugnis müßte freilich mit großer Vorsicht ausgestellt werden und keinesfalls einem erteilt werden, der es nicht verdient. Das könnte bei den Theologiestudenten die Einsicht stärken, wie nötig ihnen das sei, woran sie oft am wenigsten denken.

Disputationen sollten auch in deutscher Sprache gehalten werden, um zu lernen, wie man zu einer Gemeinde verständlich spricht

Außerdem sollten die Professoren nach ihrer Einsicht darauf achten, welche Studiengegenstände den einzelnen Studenten nach ihrer Begabung, ihrer Herkunft, einer geplanten Promotion und dergleichen nützlich und nötig sind. Mit einigen ist gewiß die Kontroverstheologie [die Auseinandersetzung mit den anderen Konfessionen] mit starkem Eifer um des Berufes willen zu treiben. Denn die Kirche muß allezeit mit Leuten genug ausgerüstet sein, die den Feinden der Wahrheit die Stirn bieten können und nicht zulassen, daß jeder Goliath ungescheut Israel Hohn sprechen kann. Man muß auch einige wie David haben, die hervortreten und denselben entgegentreten.

Sollte sich die Gelegenheit finden, daß der von dem || vortrefflichen Theologen D. Nikolaus Hunnius in seiner »Konsultation« [S.503ff] unterbreitete Vorschlag [die innerkirchlichen dogmatischen Streitfragen durch ein Kollegium ausgesuchter Männer entscheiden zu lassen] verwirklicht werden würde, so wäre der Sache geholfen.
Bei den anderen sollte das nicht das eigene Hauptstudium darstellen. Gewiß müssen sie sich auch rüsten, um bei gegebener Gelegenheit den Widersachern den Mund stopfen und ihre Gemeinden einmal vor dem Irrtum bewahren zu können. So möchten wir besonders wünschen, daß diejenigen, in deren Vaterland (oder Stadt) etwa Juden wohnen, um an ihnen ihr Amt ausrichten zu können, speziell in den Kontroversen, die wir mit den Juden haben, fleißiger ausgebildet würden.
Alles in allem aber ist zu wünschen, was einige vortreffliche Theologen schon oft gesagt haben, daß die akademischen Disputationen auch in deutscher Sprache abgehalten würden. Die Studenten könnten dann lernen, die Begriffe so zu gebrauchen, daß es ihnen in ihrem Amt, auch auf der Kanzel, nicht schwer wird, wenn sie an diese Lehrunterschiede denken, die Sache der Gemeinde deutsch vorzutragen. Darin sind sie bisher nicht geübt worden.
So würden die einen die Streitfragen fleißiger zu studieren haben. Bei anderen wäre es genug, wenn sie ihre Thesen gründlich verstehen und von den Antithesen allein so viel wissen, daß sie selbst vor Irrtum gesichert sind und ihren Zuhörern einmal dieses zeigen können, was wahr oder was nicht wahr ist. Wo es aber um schwierigere Fragen geht, könnten sie sich der Hilfe und des Rates anderer bedienen.

Der angehende Student braucht einen treuen Mentor

Von dem allem versteht ein angehender Student nicht genug, um zu wissen, was ihm nötig ist oder nicht, es sei denn, er hat einen treuen Handleiter [Betreuer]. Wo ein solcher fehlt, tritt zu leicht das ein, was D. Christoph Scheibler in seiner [...] Vorrede des »Manuale ad Theologiam Practicam« klagt: daß wenn etwa einige *die ganze Zeit ihrer Studien mit Streitsachen zugebracht haben, daß dann daraus folgen muß, daß sie entweder ungeschickte Prediger werden, wie gelehrt sie auch in solchen Streitfragen wären, oder sie müßten von neuem und auf eine andere Art erst ‖ Theologie studieren und darin Anfänger werden, wie das die tägliche Erfahrung bezeugt.*

Die ganze Theologie wieder zur apostolischen Schlichtheit bringen

Insgesamt wäre sorgfältig darauf acht zu geben, daß bei den Kontroversen Maß gehalten und Unnötiges lieber abgeschnitten als weiterausgeführt werde. Die ganze Theologie muß wieder zu der apostolischen Einfalt gebracht werden. Hierzu könnten vor allem die Professoren dadurch beitragen, daß sie sowohl ihre ganzen Studien und Schriften danach einrichten wie auch den lüsternen Geistern und ihrem Fürwitz mit Ernst Einhalt gebieten. Es wäre auch von Nutzen, wenn die einfältigen Büchlein, die »Deutsche Theologie« und Taulers Schriften, aus welchen Luther nächst der Schrift geworden ist, was er gewesen ist, in die Hände der Studenten gebracht und ihnen empfohlen würden.

Luther empfiehlt die Predigten Taulers

Es ist der Rat Luthers selbst, welcher von dem Mann Gottes Tauler (wie er ihn anderswo nennt) im 23. Brief an Spalatin [WA Br I,79] schreibt: *So du Lust hast, die alte reine Theologie in deutscher Sprache zu lesen, so kannst du dir die Predigten von Johann Tauler, des Predigermönchs, verschaffen. Denn ich habe weder in lateinischer noch in deutscher Sprache die Theologie reiner und heilsamer gefunden, die mit dem Evangelium übereinstimmt.* Und im 17. Brief [WA Br I,96]: *Ich bitte dich noch einmal, glaube mir doch in diesem Fall und folge mir und kaufe dir das Buch Taulers, dazu ich auch dich zuvor gemahnt habe, wenn du es nur bekommen kannst. Du wirst ‖ es auch leicht bekommen. Denn das ist ein Buch, darin du finden wirst eine solche Kunst der reinen, heilsamen Lehre. Dagegen ist jetzt alle Kunst eisern und irdisch, es sei gleich in griechischer oder lateinischer oder hebräischer Sprache.*

An anderer Stelle [WA 1,557] sagt er: *Ich habe mehr von der reinen göttlichen Lehr darinnen gefunden als ich in allen Büchern der*

Professoren auf allen Universitäten gefunden habe oder darinnen gefunden werden mag. Von der »Deutschen Theologie«, die er auch Tauler zuschreibt, aber die jünger ist - und ich es für eine besondere Ehre halte, daß sie in unserem Frankfurt geschrieben worden sein soll - gibt er dieses Urteil [WA 1,378]: *Ich muß meinen alten Narren rühmen und sage, daß mir nach der Bibel und Sankt Augustinus nicht ein Buch vorgekommen ist, daraus ich mehr gelernt habe und lernen will, was Gott, Christus, Mensch und alle Dinge bedeuten, als eben das Büchlein.*

Daher sind auch diese Büchlein von unserem lieben Johann Arnd der christlichen Erbauung zum Besten neu herausgegeben und mit einer Vorrede versehen worden. So dient es auch ihm zum Lob und nicht zum Tadel, daß der teure Mann in seinem Wahren Christentum oft Tauler zitiert und ihn gerühmt hat. Zu Tauler und Johann Arnd ist noch Thomas à Kempis' »Nachfolge Christi« zu setzen. Sie hat D. Johann Olearius, mein besonders hochgeehrter Gönner, noch vor einigen Jahren aufs neue auflegen lassen und eine Anleitung beigefügt, um den allgemeinen Nutzen zu fördern, was er auch in seinen eigenen Schriften zur Förderung der Praxis der Gottseligkeit getan hat.

Hierher gehört auch ein feines gottseliges Schreiben eines unbekannten Autors der Alten Kirche. Es führt den Titel »Religionis Christianae deformationis a pristino decore et desolationis causae quae et quo pacto Christianus quisque possit ad sui conditoris reformari imaginem et amicitiam« [Welches sind die Ursachen der Entstellung und Verödung der christlichen Religion von ihrer früheren Zierde, und auf welche Weise vermag jeder Christ sie in das Bild und in die Anerkennung ihres Stifters zurückzuverwandeln?] und ist den »Opuscula Ephraemi ‖ Syri« [kleine Werke Ephraems, des Syrers] beigedruckt. Gleichermaßen viele andere ähnliche unter den alten Schriften. Es besteht kein Zweifel, daß sie bei den Studenten viel Gutes ausrichten und ihnen einen guten Geschmack der wahren Gottseligkeit geben könnten, denn einen verständigen Leser wird es nicht irritieren, was solchen Büchlein noch aus der Finsternis jener Zeit anklebt. Jedenfalls würden diese Schriften, wenn sie fleißiger in ihren Händen wären, nützlicher sein als die anderen, oft mit unnützen Subtilitäten [Spitzfindigkeiten] erfüllten Skripten, die nur dem Ehrgeiz des alten Adams viel und bequemes Futter geben.

Es würde dann wohl bei vielen durch diese Mittel der Zweck erreicht werden, nach dem der öfters erwähnte David Chytraeus so herzlich verlangt [...]: *Daß man Christ und Theologe zu sein, vielmehr durch Glauben, heiliges Leben, Gott und den Nächsten lieben als durch scharfes und spitzfindiges Disputieren bezeugt.*

Die Theologie ist nicht bloße Wissenschaft

Um dieser Ursache willen, daß die Theologie ein habitus practicus ist und nicht in bloßer Wissenschaft besteht, reicht das bloße Studieren und andererseits das bloße Darlegen und Informieren nicht aus. Es müßte überlegt werden, wie allerhand Übungen eingerichtet werden könnten, in denen das Gemüt an die Dinge, die zur Praxis und eigenen Erbauung gehören, gewöhnt und darin geübt werde.

Es wird die Errichtung von Collegia Pietatis für die Studenten vorgeschlagen

Darum wünschte ich die Einrichtung von Kollegien, in denen solche Themen behandelt werden, die sich ergeben aus den Lebensregeln, welche wir von unserem Heiland und von seinen Aposteln aufgezeichnet finden, und die den Studenten eingeschärft werden sollten. Man müßte ihnen aber zugleich Anleitung geben, wie sie gottselige Betrachtungen anstellen, wie sie in der Erforschung ihrer selbst sich immer besser erkennen lernen, wie sie den Lüsten des Fleisches widerstreben, wie sie ihre Begierde zähmen und der Welt absterben können (Nach der Regel von Augustinus in "De Doctrina Christiana" II,7: [...] ‖ *So viel sehen die Menschen, als sie dieser Welt absterben; sofern sie aber derselben leben, sehen sie nichts.*); auch wie sie nach dem Wachstum in dem Guten und nach dem, was ihnen noch mangelt, streben und also das auch tun könnten, was sie einmal andere lehren sollen. Denn mit dem bloßen Studieren ist es nun einmal nicht getan. Unser lieber Luther hat folgendermaßen darüber gedacht (WA 5,163, zu Psalm 5,2): *ein rechter Theologe wird nicht durch Verstehen oder Lesen oder Tiefsinnen, sondern durch Leben, ja durch Sterben und Verdammnis.*

Wie könnte man solche Übungen anstellen?

Wie man aber solche Übungen anstellen könnte, das stelle ich den gottseligen und verständigen Professoren anheim. Sollte ich die Erlaubnis haben, einen Vorschlag zu tun, würde ich folgendes für zweckdienlich halten: Ein frommer Theologe sollte die Sache anfangs mit nicht zu vielen Studenten beginnen, und zwar aus der Zahl seiner Hörer mit jenen, an denen er bereits einen herzlichen Wunsch, rechtschaffene Christen zu sein, bemerkt hat. Mit ihnen sollte er das Neue Testament so traktieren, daß sie absehend von dem, was zu ihrer Unterrichtung dient, allein auf das achten, was ihrer Erbauung förderlich ist. Sie sollen die Erlaubnis erhalten, daß jeder das aussprechen kann, was ihm bei jedem Vers wichtig erscheint und wie er ihn zum eigenen Gebrauch und für die anderen anzuwenden findet. Der Professor als Direktor sollte das bekräftigen, was richtig beobachtet worden ist. Wo man aber von der rechten Zielsetzung der Übung abweicht, sollte er das freundlich und klar aus dem Text zeigen und deutlich machen, bei welcher Gelegenheit diese oder jene biblische Regel in der Praxis geübt werden kann.

Eine brüderliche Verbindung der Studenten könnte dabei wachsen

Es könnte dabei eine solche Vertraulichkeit und Freundschaft unter den Kommilitonen gestiftet werden, daß sie sich nicht allein untereinander zur Übung dessen, was sie hörten, ermahnten, sondern jeder bei sich selbst nachforschte, wo er solche Regeln bisher nicht beachtet habe. Er würde dann danach trachten, sie bald ins Werk zu setzen. Sie würden sich auch untereinander besprechen, aufeinander achten, wie sich die einzelnen dazu schicken - und alles mit der rechten brüderlichen Ermahnung verbinden. Sie könnten einander und auch ihrem Professor Rechenschaft ablegen, wie sie in dieser oder jener Situation sich den vorgegebenen Regeln entsprechend verhalten haben. In einer solchen vertraulichen Unterredung, wo jede Sache, die sie angeht, ‖ nach Gottes Wort geprüft wird, zeigt sich bald, wie weit einer fortgeschritten ist und wo dem einzelnen vor allem noch zu helfen sei. (Dabei sollen sie sich daran gewöhnen, von anderen nicht vermessen zu urteilen oder einen fremden Knecht zu richten.)

Die Funktion des Professors

Der Professor würde sich keine andere Meisterschaft über die Gewissen der ihm Anvertrauten anmaßen, als daß er als ein Erfahrener ihnen aus unseres einzigen Meisters Wort das aufzeigt, was er von jedem Fall hält. Je mehr und mehr sie selbst geübt werden, würde das kollegial von allen festgestellt werden. Ich zweifle nicht daran, daß wo solches mit herzlicher und eifriger Anrufung Gottes fortgesetzt würde und jeder (besonders wenn er zum Abendmahl gehen möchte) seinen Gewissenszustand dem gesamten Kollegium vorstellte und dessen Rat befolgte, es in kurzer Zeit zu herrlichen Fortschritten in der Gottseligkeit käme. Und wo das einmal recht begonnen hätte, würden immer mehr davon Gewinn haben. So könnten daraus Leute werden, die rechtschaffene Christen würden, ehe sie ihr Amt antreten, wo sie andere dazu machen sollen. Und so hätten sie sich bemüht, zuerst selbst zu tun, was sie einmal lehren werden. Das ist die rechte Art für die wahren Lehrer in der Schule unseres Heilandes, wie das mein hochgeehrter Freund und in dem Herrn geliebtester Bruder, der sich den Schaden Josephs so inniglich zu Herzen gehen läßt, Herr Gottlieb Spitzel, in seiner »Vetus Academia Jesu Christi« mit so lieben und würdigen Beispielen darstellt. [...]

Praktische Übungen einrichten

Neben diesen, dem eigenen Christentum dienenden Exerzitien, würde es auch gut sein, wenn unter der Anleitung ihrer Lehrer gewisse Vorübungen in den Dingen treten würden, mit denen sie einst im Amt umzugehen haben: Unwissende zu unterrichten, Kranke zu trösten und dergleichen.

6. Ausrichtung der Predigt auf die Erbauung anstelle theologisch-gelehrten Prunkes

Besonders im Predigen sollten sich die Studenten so üben, daß ihnen bald gezeigt werde, daß alles in den Predigten zur Erbauung einzurichten ist. Dieses hänge ich als 6. Mittel an, wodurch der christlichen ‖ Kirche zu einem besseren Stand geholfen werden möchte. Das geschieht nämlich, wo die Predigten von allen wirklich darauf hinzielen, daß der Glaube und dessen Früchte bei den Zuhörern auf beste Weise gefördert werde. Es gibt ja nur wenige Orte in unserer Kirche, wo nicht genug Predigten gehalten werden. Aber viele gottselige Gemüter finden gleichwohl nicht wenige Mängel an vielen Predigten. Es gibt eben Prediger, die in vielen Predigten sich vor allem mit Dingen abgeben, mit denen sie sich als gelehrte Leute darstellen wollen, obwohl die Zuhörer sie nicht verstehen. Da müssen oft viele fremde Sprachen herbei, wo vielleicht nicht ein einziger in der Kirche ein Wort davon versteht. Manche geben sich viel Mühe, daß ja das Exordium [die Einleitung der Predigt] recht geschickt ist und auch die Zusammenfügung harmonisch ist, daß die Disposition kunstreich und doch verborgen genug ist, daß alle Teile recht nach der Redekunst abgemessen und aufgeziert sind. Stattdessen sollte vielmehr das gewählt und durch Gottes Gnade ausgeführt werden, wovon der Zuhörer im Leben und Sterben Gewinn hat. Denn die Kanzel ist nicht der Ort, da man seine Kunst mit Pracht sehen lasse, sondern das Wort des Herrn sollte dort einfältig und gewaltig gepredigt werden. Denn das Wort ist allein das göttliche Mittel, um Leute selig zu machen. Danach sollte deshalb alles eingerichtet sein. Auch hat der Prediger sich nach seinen Zuhörern - weil sie nach ihm nicht können - zu richten und darum allezeit mehr auf die Einfältigen, die doch die Mehrzahl bilden, als auf die wenigen Gelehrten, wo sie tatsächlich anzutreffen sind, zu sehen.

Nicht müde werden, den Katechismus zu lehren

Weil der Katechismus die Grundelemente des Christentums in sich faßt und der Glaube zuerst aus ihm gelernt wird, so soll er, nicht nur den Worten, sondern dem Inhalt nach, immer fleißiger in der Kinderlehre behandelt werden. Möglichst sollte man auch die Alten dazunehmen. Ein Prediger darf darüber nicht müde werden. Hat er dazu Gelegenheit, soll er den Leuten auch in den Predigten immer wieder das vorlegen, was sie einmal im Katechismus gelernt haben und soll sich selbst dessen nicht schämen.

Die Predigten sollen den inneren Menschen stärken

Was an dieser oder jener Beobachtung in Bezug auf die Predigten noch erwähnenswert wäre, übergehe ich hier gern. Am wichtigsten ist wohl dieses, daß die Predigten insgesamt danach ausgerichtet werden, daß unser ganzes Christentum im inneren oder neuen Menschen besteht, dessen Seele der Glaube und seine Wirkungen die Früchte des Lebens sind.

Deshalb sind zum einen die Wohltaten Gottes, ‖ die ja auf den inneren Menschen zielen, so vorzutragen, daß der Glaube und in demselben der innere Mensch immer mehr und mehr gestärkt werde. Aber auch die Werke [die Glaubensfrüchte] sind so zu treiben, daß wir beileibe nicht zufrieden sind, wenn wir die Leute allein zur Unterlassung der äußerlichen Laster und zur Übung der äußerlichen Tugenden treiben und es auf diese Weise gleichsam nur mit dem äußerlichen Menschen zu tun haben. Das vermag auch eine heidnische Ethik zu erreichen. Sondern wir müssen den Grund im Herzen legen und zeigen, daß alles Heuchelei sei, was nicht aus diesem Grund hervorgeht. So soll man die Leute daran gewöhnen, an dem Innerlichen zu arbeiten, die Liebe zu Gott und zum Nächsten bei sich selbst durch rechte Mittel zu erwekken und dann aus dieser Haltung heraus zu wirken. Unermüdlich soll man zeigen, wie alle göttlichen Mittel des Wortes und Sakraments es mit dem inneren Menschen zu tun haben und es nicht genug sei, daß wir das Wort mit dem äußerlichen Ohr hören, sondern daß wir es ins Herz dringen lassen müssen, damit wir den Heiligen Geist reden hören, d.h. seine Versiegelung und die Kraft des Wortes mit lebendiger Bewegung und Trost fühlen.

Denn es ist nicht genug, getauft zu sein, sondern der innere Mensch, in dem wir Christus durch die Taufe angezogen haben, muß ihn auch

anbehalten und in dem äußeren Leben Zeugnis von ihm geben. Es ist eben nicht genug, das heilige Abendmahl äußerlich zu empfangen. Auch unser innerer Mensch muß durch diese selige Speise wahrhaftig gemehrt werden. Es ist nicht genug, äußerlich mit dem Munde zu beten, sondern das rechte und eigentliche Gebet geschieht in unserem inneren Menschen und drückt sich entweder in Worten aus oder bleibt in der Seele und findet doch Gott auch dort. Es ist nicht genug, Gott seinen Dienst in dem äußerlichen Tempel zu leisten, sondern unser innerer Mensch muß den eigentlichen Dienst in seinem eigenen Tempel leisten.
Darauf sind die Predigten auszurichten, weil darin die rechte Kraft des ganzen Christentums steht. Und würde solches geschehen, so würde gewißlich viel mehr Erbauung erfolgen als es oft geschieht. Ein herrliches Beispiel dafür haben wir an Johann Arnds Postille.

Johann Arnds »Postille«

Johann Arnd, der treffliche Lehrer und Nachfolger Luthers, den er auch in den allermeisten der von einigen übel verstandenen und daher mißdeuteten Ausdrucksweisen zum Vorgänger hat, hat auch in seinen übrigen || geistreichen Schriften alles auf den rechten Kern des inneren Menschen gerichtet. Auch diese ganze, der christlichen Kirche aufs neue vor Augen liegende Postille zielt auf diesen Hauptzweck. Schon zu seinen Lebzeiten sind dadurch seine Predigthörer erbaut worden. Und auch seither haben viele tausend fromme Seelen die Kraft dieser Predigtweise und gottseligen Arbeit kräftig empfunden, Gott für solche teuren Gaben demütig Dank gesagt und des Autors Gedächtnis im Segen erhalten. Diesen Nutzen des herrlichen Buches haben seine vielen Auflagen bezeugt, die allesamt vergriffen und immer mehr gefragt sind.
Damit hat es sich erwiesen, daß diese Arbeit nicht mit den vielen anderen zu vergleichen ist, die mit ihrem Autor sterben oder nicht länger angenehm sind, als sie ihrer Neuheit wegen von darauf begierigen Leuten gelesen werden. Es bedarf aber weder Johann Arnd, der Autor selbst, noch die gegenwärtige Ausgabe der Postille oder andere seiner Schriften meines Rühmens, und ich bin auch nicht der, der durch sein

Zeugnis seinen Preis vermehren könnte. Ich halte es vielmehr für meine Ehre und Nutzen, unter seinen Schülern ihn zu ehren. Ich bin jedoch gewiß, wenn unsere Lehre, unsere Schriften und Predigten nach dieser Art eingerichtet würden, so würde es gewiß der vielen Klagen nicht bedürfen, die wir jetzt vorbringen müssen.

Ich überlasse es also jedem Leser lieber selbst und seiner Erfahrung, was ich sonst von diesem Werke zu rühmen hätte. Ich beschränke mich darauf, dem christlichen Leser hier anzudeuten, was in dieser neuen Edition zum nützlichen Gebrauch getan worden ist.

Speners Bemerkungen zu der neuen Ausgabe der Postille von Johann Arnd, als deren Vorrede er die Pia Desideria veröffentlicht hat

I. Die Ausgabe von Merian, nach der der Nachdruck geschieht, wurde mit anderen verglichen und durchgesehen, die die Fehler, die sich hin und wieder fanden, daraus verbessert und die Mängel behoben. Daher haben wir beibehalten, was in den vorigen Editionen (Übersetzung der herangezogenen lateinischen Zitate, Ergänzungen der kurz angedeuteten Sprüche und Texte usw.) verbessert und auch in der Merianschen Vorrede angedeutet worden ist.
II. Weil die Passionspredigten an verschiedenen Orten gestanden haben, sind sie zusammengestellt worden, || womit man dem Leser angenehmer zu sein hofft. Das ist auch mit anderen im Anhang befindlichen Predigten geschehen, die zu den Festtagen bzw. an die Stellen eingefügt worden sind, wo sie hingehören. Das zeigt auch das Register im Vergleich mit dem vorigen.
III. Der Druck ist so eingerichtet worden, daß obwohl die Edition reichhaltiger ist und an der Lesbarkeit der Buchstaben nichts abgeht, dennoch das Buch dünner geworden und alles in einem Band vereinigt ist.
IV. So sind (was in der vorigen Merianschen Edition zwar versprochen, aber nicht geleistet worden ist) nicht nur den angeführten Kapiteln der Heiligen Schrift die Versangaben beigefügt worden, sondern unzählige Bibelverse, deren Stellen nicht benannt worden sind, welche aber der sel. Autor im Sinn hatte, ausgedruckt und zitiert worden, als große Hilfe für den Leser.
V. Weil wir wünschten, daß das, was von diesem herrlichen Mann in anderen Ausgaben nicht anzutreffen ist, diesem Band einverleibt würde, um so alle übrigen Brosamen zu erhalten, haben wir einige Huldigungs- und Landtagspredigten, sodann sein sogenanntes »Informatorium Biblicum« auch hier dem übrigen beigefügt (obwohl manche meinen, daß es keine eigene Arbeit sei, sondern die eines seiner Verehrer). Denn der geistreichen Arbeit dieses lieben Mannes über die Psalmen war schon seine Katechismuserklärung angefügt worden und

das »Wahre Christentum«, sodann seine kleinen Schriften: »Lehr- und Trostbüchlein«, »Lehre von der Vereinigung mit Christus« und »Repetitio Apologetica oder Wiederholung und Verantwortung der Lehre von dem Wahren Christentum« sind zusammen erst neulich ‖ aufgelegt worden. Sein »Paradies-Gärtlein« aber wird an allen Orten angetroffen.

VI. Bei jedem Buch ist ein gutes Register nicht nur eine schöne Zierde (sodaß jener seinen guten Freund, einen bekannten Theologen, dessen Bücher mit keinem oder schlechtem Register versehen waren, daran erinnerte, daß sie ihn an eine sonst schön gezierte Jungfrau erinnern, der vergessen worden ist, einen Kranz aufzusetzen), sondern auch für den Leser eine besondere Hilfe. Bei Bedarf kann er das Gelesene wieder finden und alles zu besserem Nutzen anwenden. So sind auch der gegenwärtigen Edition drei Register angehängt, nämlich der Predigten, der Schriftstellen und dann der wichtigsten Themen. Was also bisher in den Ausgaben mangelhaft war, ist in dieser gegenwärtigen ergänzt worden.

Da nun dies alles mit Fleiß beachtet und keine Mühe und Kosten gespart worden sind, so zweifle ich nicht, daß der christliche Leser an der gegenwärtigen Edition ein sattsames Vergnügen haben wird und sich im Gebrauch derselben durch Gottes Gnade herrlich wird erbauen können. Dazu habe ich dann nichts mehr ‖ hinzuzufügen. Alles andere will ich dem Leser überlassen, welche nützlichen Erfahrungen er mit diesem Buch machen wird.

Sollte aber der Leser in des teuren Mannes Werken auf Ausdrücke und Lehren stoßen, die ihm beim ersten Anblick fremd erscheinen, so soll er sich im Urteil nicht übereilen, sondern dem rechten Verständnis unter herzlichem Gebet reiflich nachsinnen. Dann zweifle ich nicht, er werde selbst herausfinden, daß alles der Heiligen Schrift und der darin enthaltenen Lehre gemäß ist und von aller falschen Lehre entfernt. Dagegen dient alles zur rechtschaffenen Erbauung des wahren, mit lebendiger Erkenntnis erfüllten Christentums, das nicht in dem eitlen Ruhm einer nur in Lehrsätzen bestehenden Rechtgläubigkeit aufgeht, sondern auf den inneren Menschen zielt. Ich kann einem fleißigen Leser nicht nur das Wahre Christentum, sondern auch die anderen Bücher von Johann Arnd nicht genug empfehlen, auch des um die wahre Gottseligkeit verdienten seligen Heinrich Varenius' »Rettung des Wahren Christentums« (welches Buch auch wieder neu aufgelegt und bekannter werden möchte oder, damit die alten Streitigkeiten nicht wieder hervorgesucht werden, von einem Sachverständigen die Erklärungen, die zu seinem Schutz und rechten Verständnis dienen, neu zusammengestellt und veröffentlicht werden möchten). Denn dann würde der Leser sehen, wie viel Nachdrückliches und Erbauliches auch in den mißverstandenen Stellen steckt, wenn sie nur recht untersucht werden.

Ich rufe zuletzt den grundgütigen Gott und Geber alles Guten inbrünstig an, er wolle auch noch ferner seinen Segen zu der vor Augen liegenden Edition geben, nachdem er viel guten Samen seines Wortes durch diesen seinen treuen Knecht, den er nunmehr lange in seine Freude eingeführt hat, hat einst ausstreuen lassen und viele Körnlein davon bis zur Stunde in gottseligen Herzen zu einer nicht geringen Frucht kräftig gesegnet hat. Dafür sei ihm ewiger Dank. Viele Herzen, die mit Andacht und Einfalt ihre Erbauung sonntags nächst der Heiligen Schrift in diesen Predigten suchen werden, mögen sie reichlich darin finden und Gott wiederum dafür ihre Früchte des Dankes bringen. Ja, auch viele Lehrer mögen selbst angespornt werden, mit solcher Einfalt und mit solchem Nachdruck den Kern des Christentums in ihren Predigten nach diesem Modell zu behandeln. Insgesamt aber möge auch dieses ein Mittel sein zur ferneren Besserung ‖ des in dieser Vorrede so herzlich beklagten elenden Zustandes unserer Kirche, damit alles zur Ehre des großen Gottes und zur Förderung seines Reiches um Jesu Christi willen diene. Amen.

Frankfurt am Main, den 24. März 1675

        D. Philipp Jacob Spener
        Prediger und Senior des Ministeriums daselbst

Speners ursprüngliches Inhaltsverzeichnis

Allgemeine Klage über den betrüblichen Zustand der Christenheit - unter Ungläubigen und Irrgläubigen - sonderlich in unserer wahren lutherischen Kirche

Verfolgung der Kirche - bei den heutigen Verfolgungen vermehrte Gefahr

Gebrechen des weltlichen Standes - Caesaro-Papia - *Mängel des geistlichen Standes* - dessen Reformation notwendig - Nichterkenntnis solcher Mängel - ob durch solche Leute etwas möge erbaut werden - wer die innerliche Gottseligkeit ernstlich treibt, kommt in Verdacht eines heimlichen Papisten, Weigelianers - Unmäßigkeit in Kontroversen - viel Fremdes und Unnützes wird in die Theologie eingeführt - Neuscholastische Theologie - Klage darüber bei Chytraeus - Selnecker - Dinckel - Joh. Valentin Andreae - Verlangen nach deren Reform - Gefahr und Schaden derselben

Verderbnis des Hausstandes - Mangel an Liebe - unerkannte Sünden - Trunkenheit - Vermeintliche Entschuldigung und Meinung darüber - Rechtsprozesse - wie weit erlaubt und was darinnen gefehlt wird - Sünden in Handel und Handwerk - Gemeinschaft der Güter - in der Alten Kirche - Mangel daran bei uns - Mangel an der Art, Gott zu dienen - Vertrauen auf das Äußerliche und den eingebildeten Glauben - Luthers Lehre von dem Glauben - Einbildung des opus operatum - über die Taufe - Wort Gottes - Beichte und Absolution ‖

Ärgernis gegenüber den Juden - gegenüber den Papisten - gegenüber den guten Gemütern und recht gottseligen Herzen - Hindernis an der Bekehrung vieler, die in der römischen Kirche einige Strahlen der Wahrheit zu erkennen angefangen - daß unsere Kirche mit Unrecht zu Babel gezogen werde - Zustand der jüdischen Kirche nach dem Ausgang aus Babel mit dem unsrigen verglichen - ob solche Gebrechen der Kirche nicht besser verdeckt als bekannt werden - ob die Römische Kirche in Bezug auf unser Bekenntnis einen Vorteil gegenüber uns habe

Hoffnung einer Besserung in der Kirche - in erwartender Bekehrung der Juden - und größerem Fall des päpstlichen Roms - Besserer Zustand der Kirche aus Erfolg solcher Hoffnung - unsere Schuldigkeit dabei - besorgliche Strafe der Säumigen - ob die Vollkommenheit gesucht werde? - zu einigem Grad der Vollkommenheit zu gelangen sei nötig - wie weit solche in der Kirche zu bringen - wie sie in der ersten christlichen Kirche gewesen - deren gründliche und wirkliche Gottseligkeit - Kirchenzucht - wie dergleichen Leben möglich? - wie der Sache zu helfen ist? - daß jeder unter uns Predigern dafür zu sorgen und nach Gelegenheit dazu zu raten hat.

Einfältige Vorschläge

I. Das Wort Gottes reichlicher unter uns zu bringen - Ob mit Predigen allein alles ausgemacht - Lesung der Schrift - öffentliches Vorlesen derselben - Vorschlag einer Übung, daß über der Heiligen Schrift unter dem Direktorium des Predigers gottselige Christen sich unterreden und nach apostolischer Einsetzung (1.Korinther 14) erbauen möchten - zu erhoffender Nutzen - Notwendigkeit der fleißigen Beschäftigung mit dem göttlichen Wort - Luthers Wunsch hiervon

II. Aufrichtung und fleißige Übung des geistlichen Priestertums - im Papsttum aus Staatsräson ganz verborgen gehalten - von Luther wiederum aus der Schrift gezeigt - Nutzen desselben

III. Den Leuten fleißig einzubilden, das Christentum bestehe nicht in Wissen, sondern der Praxis - Über das Kennzeichen der wahren Christen

IV. Wie man sich in Religionsstreitigkeiten zu verhalten habe - Gebet für die Irrenden - gutes Exempel denselben geben - und nachdrückliche Darlegung ihrer Irrtümer - Übung herzlicher Liebe gegen dieselben - Disputieren ein rechtes Mittel der Beschützung der Wahrheit - aber nicht alles Disputieren ist nützlich und gut - viele Fehler der gewöhnlichen Disputationen und Disputierenden - auch das beste Disputieren nicht das allein genugsame Mittel - Wie nötig die wahre Liebe || Gottes - und Führung der Menschen zu derselben - Was daraus zu hoffen

V. Erziehung der Prediger auf den Universitäten - der Professoren gutes Exempel nötig - den Studenten einzuprägen, daß nicht weniger an gottseligem Leben als an Fleiß und Studieren gelegen - warum Theologiestudenten hierzu anzuhalten? - Aufsicht der Professoren über deren Leben - mehrere Mittel, sie dazu zu bringen - wieweit die Kontroversen mit Studenten zu treiben? - was sonst für Schaden entstehe? Tauler, Deutsche Theologie von Luther empfohlen - Thomas à Kempis - Nutzen dergleichen Büchlein - Übungen, um neben der Theorie zur Praxis zu kommen - unvorgreifender Vorschlag eines Collegium Pietatis

VI. Einrichtung der Predigten zur Auferbauung - einige vorkommende Fehler - Ausrichtung auf den inneren oder neuen Menschen und dem in demselben geschehenden inneren Gottesdienst - Exempel dessen der selige Arnd - Was in dieser Edition der Postille verbessert ist - Erinnerung an die Leser der Arndschen Schriften - Varenius' Rettung des Wahren Christentums Arnds - Gebetswunsch

Anhang

Aktuelle Themen, die in Bibelkreisen, Mitarbeiterkonferenzen, Seminaren u.ä. anhand der Thesen Speners besprochen werden können

I. Umgang mit der Heiligen Schrift

a) Persönliches Bibelstudium,
seine Ordnung und Bedeutung für die gemeinsame Bibelarbeit

Das Wort Gottes ist reichlicher unter uns zu bringen (S.50)
Der Predigtgottesdienst allein genügt nicht (S.51)
Jeder soll die Schrift selbst in die Hand nehmen (S.52)
Das Experiment des Glaubens wagen (S.66)
These 3 allgemein (S.59)

b) Die Gestaltung gemeinsamer Bibelarbeit,
ihre Notwendigkeit und Verheißung

Gemeindeveranstaltungen, um die Bibel kennenzulernen (S.52)
Wiedereinführung der alten apostolischen Art der Kirchenversammlungen (S.52)

c) Freimütige Aussprache,
offen für alle Zweifelnden

Nichts ist notweniger, als miteinander Gottes Wort zu studieren (S.54)
Wir wollen Menschen zurechthelfen auf jede Weise (S.65)
Luthers Wunsch (S.55)
These 5 (erster Abschnitt) (S.67)

d) Die Ausrichtung der Bibelarbeit und Verkündigung auf das Missionarisch-Seelsorgerliche

Nicht müde werden, auch den Katechismus zu lehren (S.79)
Die Predigten sollen den inneren Menschen stärken (S.80)
These 1 und 6 allgemein (S.50 und 79)

2. Die Kirche als Laienbewegung

a) Das geistliche Priestertum aller Gläubigen nach der Schrift und bei Spener

Das Beispiel der Kirche in den ersten Jahrhunderten (S.45)
Von ihrer sittlichen Größe (S.46)
Von ihrer Kirchenzucht (S.47)
Ihre leuchtende Liebe zu Gott und untereinander (S.48)

b) Eine verhängnisvolle Altlast

Das Papsttum hat die Laien entmündigt (S.57)
Die Laien sind träge geworden (S.57)
Nach Luthers Tod ist der priesterliche Dienst der Laien und ihr fleißiges Bibelstudium weithin vergessen worden (S.58)

c) Gegenseitige Liebe und Fürbitte

Eine andere Verteilung der Güter ist ganz notwendig! (S.26)
Die Reichen und die Armen unter den ersten Christen (S.27)
Im Alten Testament gaben sie den Zehnten (S.27)
In allem Gottes Ehre und des Nächsten Bestes suchen (S.26)
Das Gebet für die Irrenden (S.61)
Vgl. auch die Einführung (S.XIII)

3. Gelebter Glaube

a) Unter einer Führung

Der Heilige Geist ist der wahre und einzige Lehrmeister.
Die Theologie ist nicht bloße Wissenschaft (S.69)
Gewißheit ist notwendig, nicht falsche Sicherheit (S.29)

b) Tatchristentum

Der Glaube ist nach Luther ein lebendig, geschäftig und tätig Ding, und es ist unmöglich, daß er nicht ohne Unterlaß sollte Gutes wirken (S.30)
Das Christentum besteht nicht im Wissen, sondern in der Tat (S.59)

c) Die Wiedergeburt und der neue Mensch

Die christliche Vollkommenheit
und was darunter zu verstehen ist (S.44)
Einzig und allein durch den Glauben werden wir selig (S.28)
Die Predigten sollen den inneren Menschen stärken (S.80)

d) Wert und Grenze christlicher Erbauungsschriften

Luther empfiehlt die Predigten Taulers (S.74)
Johann Arnds Postille (S.81)
Vgl. auch die Einführung (S.XVIII)

4. Die Gestalt der Kirche in der Zukunft
und der Weg der Christen zueinander

a) Was beklagen wir auch heute

Es ist mit der evangelischen Kirche wie mit den Juden nach der Rückkehr aus Babylon (S.37)
Wir verharren aber nicht in unnützen Klagen (S.38)
Das schwerste Hindernis einer Bekehrung der Juden sind die Christen (S.33)
Ist das die Frucht der lutherischen Reformation? (S.34)

b) Die Zukunft

Was hat Gott uns für die Zukunft der Kirche verheißen? (S.40)
Der zu erwartende tiefere Fall des päpstlichen Roms (S.40)
Die einmal aus Juden und Heiden gesammelte Kirche (S.41)
Das in der Schrift Vorausgesagte wird sich erfüllen (S.42)

c) Der Umgang mit Christen anderer Konfessionen

    Das Gebet für die Irrenden (S.61)
    Das gute Vorbild (S.61)
    Ihre Irrtümer sollen wir ihnen zeigen (S.62)
    Vor allem aber herzliche Liebe erweisen (S.63)
    Einer der ersten Schritte auf dem Weg
    zur Wiedervereinigung der Kirchen (S.63)

d) Reform des Theologiestudiums

    Vgl. These 5 allgemein (S.67)

Personenregister

Affelmann, Johann	17	Nehemia	37
Andreae, Joh. Valentin	20	Nigrinus, Georg	52
Arnd, Johann	2,31,60,64,75,81ff	Olearius, Johann	75
Artahsasta [=Artaxerxes]	37	Origenes	46,47
Augustinus	75.76	Paulus	14f,21f,24,40,44,53f
Bebel, Baltasar	48	Plinius	47
Calov, Abraham	69	Praetorius, Elias	
Chytraeus, David	18,76	[Christian Hoburg]	13
Cyrus	37	Raith, Balthasar	20
Dannhauer, Joh. Conrad	48	Rufinus	11
Darius	37	Sacharia	37
Dorsche, Joh. Georg	5,33	Sarcerius, Erasmus	42
Dinckel, Johannes	19	Saubert, Johann	50
Ephraem, der Syrer	75	Scheibler, Christoph	73
Esra	37	Schmidt, Johann	69
Eusebius	46	Selnecker, Nikolaus	19
Gallion	12	Serubabel	37
Gerhard, Johann	70	Sevenstern, P. Caspar	34
Gregor von Nazianz	16,68	Spalatin	74
Haggai	37	Spitzel, Gottlieb	78
Hieronymus	59	Tarnov, Paul	28
Hunnius, Nikolaus	73	Tatian	46
Hyperius, Andreas	52	Tauler, Johannes	74,75
Ignatius	46	Tertullian	46
Judex, Johann	19	Thomas à Kempis	75
Julian	11	Trajan	47
Justin	46,47,68	Varenius, Heinrich	85
Korthold, Christian	11	Veyel, Elias	52
Luther, Martin	9,17-19,23,29f,34 40-42,55f,64,74,76,81	Vielitz, Johann	59
		Weller, Jakob	20
Meißner, Balthasar	16	Zeller, Christoph	20
Menzel, Hieronimus	18	Zesch, Wilhelm	34
Meyffart, Johann Matthäus	67		

Werner Bellardi

Die Vorstufen der Collegia pietatis bei Philipp Jacob Spener

184 Seiten. TVG Monographien und Studienbücher
Bestell-Nr. 3-7655-9388-5

„Die Arbeit beschäftigt sich mit einem für den Pietismus zentralen Thema, mit den Collegia pietatis, den von Spener 1670 eingerichteten Versammlungen der Kernchristen, der ersten pietistischen Gemeinschaftsbildung.

Sie konzentriert sich auf die Frage nach den Vorstufen der Collegia pietatis. Als deren Vorstufen erscheinen der Gedanke der Sammlung der ernsten Christen in der Reformationszeit, wie ihn Luther in der Vorrede zur Deutschen Messe formulierte, Franz Lambert von Avignon in der Reformatio Hassiae zum Programm erheben wollte und schließlich Martin Bucer in seiner christlichen Gemeinschaft in Straßburg zeitweilig realisierte.

Der Autor ist zudem der letzte gewesen, der die im Zweiten Weltkrieg den Bomben zum Opfer gefallenen Archivbestände des Frankfurter Predigerseminars durchsehen konnte. Er hat als erster die dramatischen Entwicklungen des Collegium erkannt, das anfangs eine fromme Lesegesellschaft war und sich erst nach einigen Jahren zu jener Form einer die Bibel lesenden Erbauungsversammlung entwickelte, wie sie Spener in den Pia desideria als zentrales Mittel der Kirchenreform empfahl."

Johannes Wallmann

BRUNNEN VERLAG GIESSEN